INSIDERWISSEN MBA

Die Wahrheit über den Studienalltag an einer Top Business School

Bernhard Kuderer

REDLINE WIRTSCHAFT
bei ueberreuter

Bernhard Kuderer
Insiderwissen MBA: Die Wahrheit über den Studienalltag
an einer Top Business School
Frankfurt/Wien: Redline Wirtschaft bei Ueberreuter, 2003
 ISBN 3-8323-0966-7

Unsere Web-Adressen:

http://www.redline-wirtschaft.at
http://www.redline-wirtschaft.de

1 2 3 / 2005 2004 2003

Inhaltsverzeichnis

Allgemeine Informationen
Übersicht Studienabschnitte Part 1 und Part 2
Kurse in Part 1
Kurse und Wahlfächer in Part 2
Beurteilungssystem- und Methoden
Beurteilungs- und Prüfungskalender

Vorwort

Das MBA-Studium (MBA: *Master of Business Administration*) gewinnt in Europa zunehmend an Popularität und ist längst zu einem festen Bestandteil einer professionellen Managementausbildung geworden.

Vielleicht denken auch Sie gerade darüber nach, ob der MBA für Sie ein passender Schritt wäre. Bietet dieses aufwendige Zusatzstudium die Lerninhalte, die Sie sich erhoffen? Welcher Zeitpunkt wäre für Sie günstig? Was erwartet Sie und Ihre Familie bei einem MBA-Vollzeitstudium? Möglicherweise sind Sie aber schon einen Schritt weiter und haben sich bereits mit Zahlen und Datensammlungen von *Business Schools* eingedeckt, die Ihre Wahl unterstützen sollen. Sie möchten aber hinter die Kulissen sehen und mehr erfahren über den Studienablauf und den Alltag an einer *Business School*.

In vielen Gesprächen mit MBA-Interessierten stellte ich fest, dass ich mit immer denselben Fragen zum Studienalltag, zur Teamarbeit, zu den persönlichen Anforderungen und zum Leben auf dem Campus konfrontiert wurde. Vor meinem Studium bekam auch ich dazu nur unzureichend Antworten. Dies bekräftigte mich in dem Vorhaben, meine persönlichen Tagebuchaufzeichnungen zusammen mit meinen Erfahrungen über Auswahl und Bewerbung in einem Ratgeber zu veröffentlichen.

Wenn man weiß, was auf einen zukommt, kann man sich darauf vorbereiten und zweifellos besser mit der Situation umgehen. Ich habe versucht, meine Erfahrungen und Erlebnisse in diesem Buch so realistisch und detailgetreu wie möglich wiederzugeben, damit Sie es in Ihrem MBA-Prozess von der Entscheidung bis zur Graduation einfacher haben als viele andere vor Ihnen.

Auf den ersten Seiten können Sie meine persönliche Entscheidungsfindung für das MBA-Studium miterleben und nachvollziehen, welche Beweggründe mich auf die Schulbank zurücktrieben, obwohl mich meine interessante Laufbahn bereits in relativ jungen Jahren auf eine verantwortungsvolle Auslandsposition gebracht hatte.

Es folgt die Auswahl der geeigneten Schule nach meinen ganz persönlichen Kriterien und der aufwendige Bewerbungsprozess. Wie Sie feststellen werden, muss diese Phase nicht unbedingt so langwierig sein, wie sie vielfach beschrieben wird. Von meiner endgültigen Auswahl geeigneter *Business Schools* bis zu einer festen Zusage einer Schule hat es gerade einmal drei Monate gedauert.

Den Schwerpunkt des Buches bildet mein Erfahrungsbericht vom eigentlichen Studium. Hier können Sie das spannende Leben an der Cranfield School of Management während meines einjährigen Vollzeit-MBA-Studiums vom September 1999 bis September 2000 hautnah miterleben. Geschildert wird die tägliche Fülle der Inhalte und Anforderungen, die Höhen und Tiefen der Teamarbeit, Veranstaltungen und alles, was sonst am Leben auf dem Campus interessant ist. Das besondere Augenmerk gilt dabei der Erläuterung der Leistungsbeurteilungen. Es werden viele *Case Studies* und Prüfungsaufgaben beschrieben und wie ich in den einzelnen Fällen damit umgegangen bin.

Auf zwei wichtige Fragen allerdings, die auch ich mir vor meiner Arbeitsunterbrechung stellte, kann das Buch keine Antwort geben: „Wie entwickelt sich meine Laufbahn nach dem MBA-Studium weiter?", und „Werde ich danach überhaupt wieder einen geeigneten Job finden?" Sie erhalten jedoch umfangreiche Informationen, wie Sie Ihren Arbeitgeber in Ihr Weiterbildungsvorhaben einbinden können, welche Maßnahmen von dem *Career Office* an einer *Business School* für die Jobsuche durchgeführt werden und wie es mir und anderen Studenten dabei ergangen ist.

In einem eigenen Kapitel berichtet meine Frau, die mich beim Studium als so genannte „MBA-Partnerin" begleitete, wie sie das Abenteuer MBA erlebt hat. Sie erzählt von den Möglichkeiten, die sie bezüglich Job oder Weiterbildung in diesem Jahr hatte, und wie sie als Außenstehende den Typus MBA-Student kennen lernte – mit den für Nicht-MBAs nur schwer nachvollziehbaren Verhaltensweisen, die sich aber Gott sei Dank bei den meisten nach dem Studium wieder normalisierten. Am Ende steht das persönliche Resümee meiner MBA-Partnerin, der eine nicht ganz einfache Rolle in dieser Zeit während meines Studiums zukam.

Im Anhang des Buches finden Sie vor allem Wissenswertes für die Vorbereitung auf ein MBA-Studium, aufgeteilt in Checklisten und Infopakete: was bei Aufnahme eines Studiums unbedingt zu beachten ist, Auswahlkriterien für die geeignete Schule, Hinweise zu Kosten und Finanzierung, Literaturhinweise, interessante Internet-Links und einiges mehr. Beispielhaft für die Struktur eines einjährigen europäischen Vollzeit-MBA-Programms steht im letzten Teil des Anhangs eine übersichtliche Darstellung des Ablaufes, der Kursinhalte und Prüfungen meines Studienjahres.

Von einer Bewertung von *Business Schools* distanziert sich dieser Ratgeber ausdrücklich. Der Ihnen vorliegende Erfahrungsbericht basiert auf persönlichen Erlebnissen und Wahrnehmungen, die ich an einer der über eintausend *Business Schools* der Welt gemacht habe. Die Wertungen und Auswahlkriterien für geeignete Schulen beziehen sich ausschließlich auf meine persönlichen Anforderungen und Wertvorstellungen und erheben keinen Anspruch auf Allgemeingültigkeit. Sie sollen informieren, wie ein erfolgreicher Absolvent mit den vielseitigen Fragen und Anforderungen zum Thema MBA umgegangen ist: eine realistische und unverblümte Darstellung des MBA-Studienjahres an einer führenden europäischen *Business School* aus erster Hand.

Ich bin vom Wert des MBA überzeugt und möchte mit diesem Buch Mut machen für den außergewöhnlichen Schritt an eine *Business School*, ob als Vollzeit- oder *Executive*-Student. Die mit dem MBA vermittelten Managementkompetenzen, verbunden mit den persönlichen Veränderungen, können ungeahnte berufliche Chancen eröffnen.

Jeder, der es wirklich will, kann ein MBA-Studium erfolgreich abschließen!

Teil 1

Mein Weg zum MBA – Exciting Times

1   Zeit für Entscheidungen – Point of No Return

Ein angenehm milder Wind brachte Abkühlung, die Sonne stand nicht mehr direkt über uns. Ich genoss das Rauschen der Palmen und der Meeresbrandung, die im Gleichklang auf den Sand rollte und ein immer wiederkehrendes Farbenspiel zauberte. Es war höchste Zeit gewesen, die hektische, stinkende Millionenmetropole Kairo für ein paar Tage zu verlassen und das beruhigende Strandleben in Dahab auf dem Sinai aufzusaugen.

Die gescheiterten Auftragsverhandlungen hämmerten noch immer in meinem Kopf. Wie hatte das passieren können? Mit meiner langjährigen Projekt- und Vertriebserfahrung im Ausland hätte ich sicherstellen sollen, dass wir diesen für unser lokales Büro beinahe lebenswichtigen 18-Millionen-US-Dollar-Auftrag hereinholen. Wochenlang hatten wir mit einem sechsköpfigen Team dieses Angebot nach der knapp dreitausend Seiten umfassenden Spezifikation zusammengestellt, und nun waren wir gescheitert.

Was war falsch gelaufen? Woran lag es? Die Vorbereitung? Die Verhandlung selbst? Unsere Risikoeinschätzung oder die Kalkulation? Waren wir im Team nicht qualifiziert genug, das Geschäft durchzuziehen? Oder war ICH für den Job ungeeignet?

Knapp zehn Jahre trieb ich mich nun schon für einen deutschen Konzern in aller Welt herum, zuerst in mehreren afrikanischen Ländern für Kraftwerksprojekte, dann in China als Vertriebsleiter und Koordinator für verschiedene Industrie- und Gebäudeprojekte. Seit acht Monaten war ich nun in Kairo als General Manager verantwortlich für unser Industriegeschäft. Ein „Nichts", verglichen mit unseren Standorten in Europa und Nordamerika, aber mein kleines Königreich und potentielles Sprungbrett in höhere Sphären. Immerhin hatte ich aus meiner Ingenieurausbildung etwas gemacht: General Manager mit dreißig Jahren, das klang nicht schlecht.

Vielleicht hätten wir die Projektfinanzierung nochmals von einem Profi prüfen lassen sollen. Vierzig Prozent des Auftragsvolumens waren mit lokalen Vertragspartnern abzuwickeln, in US-Dollar zu finanzieren mit komplizierten Zahlungsbedingungen und großen Wechselkursrisiken usw. Aber das hätte wohl auch nichts geholfen. Die Verhandlungspartner auf der Kundenseite waren richtig gut und spielten uns geschickt gegen die stark interessierten Mitbewerber aus. Die Kostenanalysen und ökonomischen Zusammenhänge, die uns während den Verhandlungen an den Kopf geworfen wurden, hatten mich und mein Team erschlagen. Wir konnten im Preis nicht mehr nachgeben und waren damit ausgeschieden. Ich fragte mich, wie der erfolgreiche Mitbewerber das Projekt abwickeln konnte, mit einem Preis, der angeblich zwölf Prozent unter unserem *Break Even* lag.

Die Ziele für meine Laufbahn waren ehrgeizig und die Konkurrenz schlief nicht. Ständig neue Horrormeldungen über super-erfolgreiche Mitzwanziger konnten einem ganz schön die Stimmung versauen, wenn man selbst so ein Desaster erleben musste. Dazu kamen die zahlreichen jungen und rasant wachsenden Firmen am neuen Mark, die mit einem ungeheuren Tempo ihre Börsenwerte steigerten und ihre Eigentümer im Handumdrehen reich machten.

Bisher hatte mich meine eher konservative Firma immer gefördert. Unabhängig davon, dass ich in meinem Job gerade mal wieder meine Grenzen deutlich kennen gelernt hatte, stellte ich mir die

Frage, ob ich mein gesamtes berufliches Leben auf Baustellen von Industrieprojekten verbringen wollte.

Nun hatte ich bereits den zweiten strategisch wichtigen Auftrag in Folge verloren und würde dadurch im laufenden Geschäftsjahr weit hinter den Planzahlen liegen. Einen Schuss mochte ich noch gut haben, doch was, wenn auch der daneben ging? Es fehlte die richtige Strategie, wir wurstelten opportunitätsgetrieben im Markt herum. Wie sollte ich meinen Geschäftsaufbau in Ägypten richtig angehen? Obwohl ich von meinen Vorgesetzten durchweg positive Rückmeldungen erhielt, war ich mit meiner Situation höchst unzufrieden. Schlimmer noch, ich fühlte, dass ich fachlich der Aufgabe nicht gewachsen war. Mir fehlten die Kompetenzen und die wichtigsten Eckpfeiler für ein professionelles Management: Personalführung, Strategie, Marketing und Finanzmanagement. Die Weiterbildungskurse, die ich bisher von meiner Firma bekommen hatte, waren zwar hilfreich, aber nicht so umfassend gewesen, wie ich sie mir gewünscht hätte. Sollte ich ewig so weitermachen oder endlich beginnen, ein solides Fundament für Managementaufgaben zu bauen? Eine gut ausgestattete Management-Toolbox würde mich auch unabhängiger machen und meinen Marktwert deutlich steigern. Ich musste makro- und mikroökonomische Zusammenhänge besser verstehen lernen, Geschäftsstrategien entwickeln können und Kompetenzen im Finanzmanagement aufbauen. Alles Themen, mit denen *Business Schools* in ihren Lehrplänen werben.

Der Gedanke an ein kaufmännisches Aufbaustudium beschäftigte mich schon seit längerem. Eine erste flüchtige Bekanntschaft mit dem MBA machte ich vor mehr als zehn Jahren. Damals hatte ich gerade mein erstes Berufsjahr als Projektingenieur vollendet, als einer meiner engsten Kollegen kündigte, um an einer Management-Schule ein MBA-Studium zu absolvieren. Er weihte mich begeistert in seine Beweggründe und Ziele ein, erklärt mir die Inhalte und Abläufe des Studiums und schwärmte von dem elitären Kreis, in dem er sich von nun an bewegen würde. Ich nahm das alles interessiert zur Kenntnis, beschäftigte mich aber nicht weiter damit. Von unserem gemeinsamen Chef erntete er nur Kopfschütteln und auch die Personalabteilung hatte nur wenig Verständnis für diesen außergewöhnlichen Schritt.

Einige Jahre später erinnerte ich mich wieder an ihn, als ich in einem Wirtschaftsmagazin einen Artikel über *Business Schools* las. Mittlerweile hatte ich meinen ersten Job in Asien mit Ergebnisverantwortung und dabei bereits mehrfach die Grenzen meiner technischen Ausbildung kennen gelernt. Kaufmännische Themen, ob Investitionsentscheidungen oder Budgetierung, löste ich mit einem Milchmädchen-Rechenansatz und hatte dabei stets ein flaues Gefühl im Magen. Schließlich wollte ich mich nicht mit zu vielen dummen Fragen bei meinen Kollegen und Vorgesetzten blamieren. Bei meiner ersten Budgetpräsentation bewegte ich mich auf Glatteis. *ROCE* und *Asset Management* warfen mich dann aus der Bahn, doch zumindest hatte ich für die Zukunft viel dabei gelernt. Ob die Aussagen von meinem Gegenüber jedoch fachlich fundiert waren oder nur seine persönlichen Ansichten widerspiegelten, konnte ich schwer einschätzen.

Der Artikel über Management-Schulen fiel bei mir in dieser Situation auf fruchtbaren Boden. Ich arbeitete ambitioniert für meine Laufbahn, kannte aber auch meine Schwächen, die mich wohl bald an einer steten Weiterentwicklung hindern würden. Nur ein MBA-Studium konnte mir also die fachlichen und persönlichen Kompetenzen geben, die ich dringend benötigte.

Als nur wenige Monate danach ein neuer Kollege mit MBA-Abschluss von INSEAD in unsere Niederlassung nach Beijing versetzt wurde, bekam ich den geeignetsten Gesprächspartner zum Thema. Er sollte vor Ort unseren Lieferanteneinkauf für ganz China steuern. Die meisten MBA-Absolventen erzählen gern von ihrem Studium und ich wollte möglichst viel darüber erfahren. Dabei beschäftigten mich die damit verbundenen Kosten ganz besonders. Management-Schulen unterscheiden sich nicht nur nach ihrem Ruf, sondern auch in ihren Gebühren. Da geht es um Beträge von 30.000 Euro im Jahr und mehr und in den USA dauert das MBA-Studium meistens sogar zwei Jahre. Zusammen mit dem Verdienstausfall und den Lebenskosten war das ein ganz schöner Brocken. War es das wert? Wie lang musste ich arbeiten und welche Position erreichen, um einen entsprechenden Return aus diesem Investment zu erhalten? Fünf Jahre? Zehn Jahre? Oder bliebe es gar eine Unternehmung, die nur mein Ego auf- und mein Vermögen nachhaltig abbauen würde?

Ich hatte mich bereits mit einschlägigen Ratgebern wie „Which MBA" von *EIU (Economist Intelligence Unit)* eingedeckt und mich mit der Auswahl der infrage kommenden Universitäten befasst, als alles wieder in der Ecke landete. Das Tagesgeschäft mit einer Flut von neuen Projekten und der Koordination unserer bescheidenen Ressourcen für die Abwicklung hatte mich erneut voll in Beschlag genommen. Zwei Jahre später wurde ich nach Ägypten versetzt, um dort unser Industriegeschäft weiterauszubauen. Dazu konnte ich nun wirklich nicht Nein sagen, obwohl ich meine Zweifel hatte: Fehlten mir dafür nicht die nötigen Fachkenntnisse und die Managementfähigkeiten? Schließlich siegten mein Selbstbewusstsein und mein Optimismus: „Ach was, das ist eine große Chance. Let's go for it! Der Job wäre mir nicht angeboten worden, wenn ich das nicht könnte!"

Und dann war ich da, mit meiner Frau, unserem gesamten Hausstand und ziemlich wenigen Aufträgen. Die ersten acht Monate meiner Tätigkeit waren nicht so erfolgreich verlaufen, wie ich sie mir gewünscht hätte.

Der verlorene Großauftrag und die damit verfehlten Geschäftsergebnisse verdeutlichten unsere wenig effektive Handlungsweise, die mich immer mehr belastete und der ich, einem Gefesselten und Geknebelten gleich, wenig entgegenzusetzen hatte. Ich rekapitulierte, wie sich die Situation seit meiner Ankunft in Ägypten entwickelt hatte: Die Kosten waren gestiegen, das Geschäftsvolumen stagnierte.

Es fehlte uns eine professionelle Marktanalyse mit Untersuchungen aller infrage kommenden Segmente. Darauf aufbauend brauchten wir dringend eine passende Marktgewinnungsstrategie, die neben den externen Einflüssen, wie Wirtschaftslage, Industriezyklen, Investitionsverhalten, Wettbewerber etc., auch die internen Faktoren wie z. B. Ziele, Prioritäten und einzusetzende Ressourcen berücksichtigte. Ich hatte nicht die geringste Ahnung, wie ich dies mit meinem lokalen Team erarbeiten sollte. Selbst wenn man mir die Mittel genehmigt hätte, mit der Analyse einen externen Berater zu beauftragen, hätte ich nicht die Kompetenz gehabt, die Plausibilität der Ergebnisse zu prüfen oder die Umsetzung effektiv durchzuführen.

Die aktuellen Theorien dazu konnte ich weder aus dem „Manager Magazin" oder „Harvard Business Review" erlernen, noch gab mir unser internes Weiterbildungsangebot ausreichend Möglichkeit dazu. Nach den vielen Jahren im Projektgeschäft an ständig wechselnden Standorten fühlte ich mich ausgelaugt und spürte, dass meine Akkus dringend eine neue Ladung benötigten.

Ich musste zurück auf die Schulbank. Jetzt oder nie, auch wenn ich schon über dreißig Jahre alt war!

Irgendwo hatte ich doch noch die Unterlagen über das MBA-Studium. Ich wollte sie herauskramen und nochmals lesen, sobald ich nach Kairo zurückkam.

„Ich habe dir einen Drink mitgebracht." Meine Frau stand plötzlich lächelnd neben mir. Sie hatte mich in all den arbeitsreichen Jahren liebevoll unterstützt und die teilweise schwierigen Lebensumstände in den verschiedenen Ländern wesentlich erleichtert. Wo immer wir waren, hatte sie ihren Alltag den Erfordernissen angepasst.

„Du hast neue Pläne?"

Nun war ich doch etwas überrascht. „Wie kommst du denn darauf?"

„Ich sehe das an deinem Gesichtsausdruck. Also, lass einmal hören!"

„Was würdest du davon halten, wenn ich noch einmal zum Studieren ginge? *Business School*!"

Ihre Augenbrauen stiegen und sie setzte sich zu mir auf den Liegestuhl. „Wie stellst du dir das vor?"

„Das Thema ist ja nicht ganz neu. Wir haben uns in China schon mal darüber unterhalten. Doch nun denke ich, dass es für mich wirklich notwendig ist."

„Hm, man sollte dich besser keinen Augenblick allein lassen. Das heißt also, schon wieder einmal die Zelte abbrechen? Jetzt haben wir uns gerade hier eingelebt, sind in unserem ersten Urlaub und schon denkst du an neue Herausforderungen und vermutlich jede Menge Schwierigkeiten."

„Weißt du, ich fürchte, mein Ägypten-Job steht ohnehin auf wackeligen Beinen. Außerdem denke ich, dass es notwendig sein wird, etwas zu unternehmen, was mir in beruflicher Hinsicht neue Türen öffnet. Solch ein Studium würde uns vielleicht beide noch einmal anregen, über unsere Ziele und Chancen für die Zukunft nachzudenken. Es könnte auch den Vorteil bringen, unsere Englischkenntnisse zu verbessern. Mit dreißig noch einmal Student sein, klingt doch verlockend. Oder?"

„Du überraschst mich wirklich immer wieder. Aber bist du dir darüber im Klaren, was da auf uns zukäme?"

„Ich denke schon. Wir werden in einer kleinen Studentenbude hausen und Butterbrot essen. Vielleicht musst du auch bei McDonald's Fritten verkaufen."

„Genau! Mein Studium liegt noch nicht so weit zurück, an diese Einzelheiten kann ich mich noch gut erinnern." Ihre Augen begannen zu strahlen. „Mir fallen da aber auch die tollen Partys ein. Gab es die bei euch nicht?"

„Und ob! Ich erinnere mich sofort an überfüllte Dachwohnungen, billigen Wein und super Stimmung."

Wir lachten und schwelgten einen Moment in Erinnerungen. Dann kehrte die Realität wieder zurück.

„Ein MBA-Studium soll knallhart sein. Ich müsste dabei vermutlich noch mehr arbeiten als bisher, wenn ich überhaupt das Glück habe, angenommen zu werden."

„Ich weiß, aber ich denke dabei vor allem an dich. Lass dir die Sache eine Weile durch den Kopf gehen und überlege dir alles in Ruhe. Auf mich kannst du jedenfalls zählen."

Ich war begeistert. „O.k.! Wie lang müssen wir eigentlich noch hier an diesem langweiligen Strand bleiben? Ich kann es kaum erwarten, meine Studienbewerbung abzuschicken."

Die folgenden Tage und Wochen waren von diesem Gedanken geprägt. Meine Idee wurde zum Ziel und ich arbeitete an einem Plan, wie ich es erreichen konnte. Schritt für Schritt reifte der Weg der Verwirklichung. Die beiden wichtigsten Dinge waren geklärt. Ich wollte und musste diesen Schritt nun definitiv machen und meine Frau unterstützte mich dabei in vollem Umfang.

Das Buch „Which MBA?" von EIU gab mir einen ersten Überblick über die Anbieter von MBA-Programmen. Dort werden alle relevanten Management-Schulen kurz vorgestellt und ihre fachlichen Spezialgebiete erläutert. Ich musste mir überlegen, welchen Schwerpunkt ich für mein Studium setzen wollte. *Marketing* oder *Finance*, *IT* oder *HR*, oder, oder, oder. Gleichzeitig liefert das Buch in komprimierter Form Informationen über das internationale Renommee der Schulen, Arten und Dauer der angebotenen Programme, Gebühren, Anzahl der jährlich aufgenommenen Studenten, ihr Durchschnittsalter und die Erfolgsrate von Bewerbungen, die bei den meisten Schulen – laut „Which MBA?" – erschreckend niedrig ist. Bald stand für mich fest: Ich würde mein Vorhaben mit allen Konsequenzen realisieren. Falls meine Firma das Studium nicht unterstützte, würde ich kündigen.

Schneller als erwartet, zeichnete sich für mich eine Auswahl ab. Meine Stärken und Schwächen kannte ich vielleicht nicht im vollen Umfang, aber immerhin so gut, dass ich Klarheit darüber hatte, wohin ich wollte. Mein Ziel war das *General Management* und was ich dafür unbedingt verbessern musste, lag auf der Hand. Ich wollte mich nicht in einem Feld wie *IT* oder Ähnlichem besonders spezialisieren, sondern suchte ein Generalisten-Programm innerhalb dessen ich individuelle Schwerpunkte in Finanzmanagement, Strategie und *Entrepreneurship* setzen konnte. Ein Teilzeitstudium erwies sich nicht als geeignete Maßnahme zum Erreichen meiner Ziele. Ich wollte mich für die Zeit des Studiums voll auf die Weiterbildung und meine persönliche Entwicklung konzentrieren. Das war nur in einem Vollzeitstudium zu verwirklichen. Darüber hinaus plante ich, den damit verbundenen Berufsausstieg für eine erhebliche Verbesserung meiner Englischkenntnisse zu nutzen. Also Englisch in jeder Lebenslage: an der Schule, auf Partys und bei der Organisation des täglichen Lebens, von Bankgeschäften bis zum Zahnarzt. Damit war die Wahl des Landes eingeschränkt. Berücksichtigte ich dann auch noch die aktuellen *Rankings*, blieben nicht viele Länder übrig. Ein Aufenthalt in England oder den USA brachte mir außerdem ein besseres Verständnis für die angelsächsische Business-Kultur, die unsere Wirtschaft immer stärker zu dominieren scheint.

Die Preise für die MBA-Studien unterscheiden sich erheblich. Top-Programme bewegen sich jedoch in einem engen Korridor am oberen Ende. Darüber hinaus orientierte ich mich natürlich auch an den angebotenen *Rankings*, die nach verschiedensten Gesichtspunkten mal von „unabhängigen" Stellen, mal von Recruitern und mal von Absolventen erstellt werden. Von ganz wesentlicher Bedeutung in der MBA-Szene sind die internationalen *Rankings* des „Wall Street Journal" und der „Financial Times". Die Aussage von *Rankings* gelten als umstritten und werden immer wieder aufs Neue diskutiert. Wichtig sind dabei die Bewertungsmodalitäten. Zum Beispiel hat in einem *Ranking* der Gehaltsunterschied der Studenten vor und nach dem Studium einen erheblichen Einfluss auf die Wertung. Natürlich schneiden dabei vor allem Schulen mit besonders niedrigem Durchschnittsalter gut ab. Der Gehaltssprung vom Praktikanten vor dem MBA-Studium zu einem „richtigen" Job danach ist ungleich höher als bei jemand, der mit Anfang 30 auf seine Erfahrungen aufbauend Spezialwissen und Managementfähigkeiten erwirbt. Die *Rankings* musste ich also mit Vorsicht genießen, sie erforderten ein Hinterfragen der Bewertungsmethodik, wenn ich die Ergebnisse richtig interpretieren wollte. Für meine eigene Einschätzung der Schulen hielt ich völlig andere Attribute für bedeutungsvoll als jene, die üblicherweise bei der Bewertung in den *Rankings* verwendet werden. Trotzdem konnte ich das Thema *Ranking* nicht vom Tisch wischen. Es war für mich wichtig, dass die Schulen meiner engeren Wahl bei möglichst vielen *Rankings* weit vorne lagen. Letztlich wird ein gutes *Ranking* von Recruitern und Personalmanagern als Qualitätsaussage wahrgenommen. Mit einem MBA-Abschluss von einer Top-Schule mit hohem Bekanntheitsgrad würde ich mich später auch besser verkaufen können. Dafür war ich bereit, auch eine wesentlich höhere Studiengebühr zu bezahlen. Im Vergleich zum groben Durchschnitt von 10 bis 15.000 Euro für gute Schulen lassen sich Top-Schulen den einjährigen Fulltime-MBA mit über 30.000 Euro bezahlen. Einige meiner Gesprächspartner erwähnten, wie unsicher es sein würde, die hohen Investitionen in das MBA-Studium inklusive des Verdienstausfalles mit normaler Arbeit wieder hereinzuholen. Diesen Ansatz machte ich mir nicht zu Eigen. Erstens gab es zu viele unbekannte Einflussgrößen zum Thema Job und Karriere nach dem MBA, die eine Investitionsrechnung für mich nicht sinnvoll erscheinen ließen. Und zweitens lag für mich das Wesentliche in einem MBA-Studium darin, meine fachlichen Kompetenzen ausgiebig zu vertiefen und zu erweitern. Darüber hinaus wollte ich meiner persönlichen Entwicklung neue Impulse geben und mich durch die Qualifikation unabhängiger auf dem Arbeitsmarkt machen.

Für die Ermittlung des gesamten finanziellen Aufwandes musste ich die Dauer des Studiums sowie die Wohn- und Lebenshaltungskosten berücksichtigen. Als ich errechnete, was ich innerhalb von zwei Jahren für eine Unterkunft in London bezahlen müsste, ergab sich ein erschreckend hoher Betrag. Um die Kosten im angemessenen Rahmen zu halten, beschloss ich, auf jeden Fall nur ein Jahr zu studieren. Doppelte Studiengebühren, zwei Jahre Gehaltsausfall und ein so langer Berufsausstieg kamen für mich nicht infrage. Nach diesen

Überlegungen entfielen die Management-Schulen in den USA sowie die *London Business School*. Sie alle boten zu diesem Zeitpunkt nur zweijährige Programme an. Außerdem wird für die meisten Schulen in den USA und einigen in England das Durchschnittsalter der Studenten mit sechsundzwanzig Jahren angegeben. Viele Aufgaben beim MBA-Studium sind in Teams zu lösen. Lebens- und Berufserfahrungen der Studenten tragen somit einen wesentlichen Teil zum Lernerfolg bei. Ich erwartete, dass eine möglichst langjährige Berufserfahrung die Beiträge der Studenten zu Vorlesungen und innerhalb der Teamarbeiten wertvoller machen und die Qualität des Studiums für mich beträchtlich erhöhen würden. So favorisierte ich bei meiner Auswahl Schulen, die das Durchschnittsalter der Studenten mit über dreißig Jahren angaben.

Der MBA-Markt konfrontierte mich mit einem unübersichtlichen Angebot unzähliger *Business Schools*, der darüber hinaus noch hohe Zuwachsraten aufwies. Eine derartige Situation bürgt nicht unbedingt für Qualität. Obwohl meine Kriterien die für mich geeigneten Schulen bereits erheblich reduzierten, stand ich immer noch vor einer großen Palette von Möglichkeiten. Eine weitere Orientierungshilfe lieferten mir dabei auch Akkreditierungen, die von unterschiedlichen Organisationen gewährt wurden. Renommierte Schulen sind selbst daran interessiert, dass die Marke MBA durch fragwürdige Anbieter keinen Schaden erleidet. Sie haben sich zu Verbänden zusammengeschlossen, die ihre MBA-Programme regelmäßig auditierten. In den USA steht dafür *The Association to Advance Collegiate Schools of Business (AACSB)*, in Europa ist es *The European Foundation for Management Development (efmd)* mit der *EQUIS* Zertifizierung. Darüber hinaus gibt es in Großbritannien einen Verband von MBA-Absolventen, *The Association of MBAs (AMBA)*, der eine eigene Akkreditierung durchführt. Akkreditierungen von den genannten Organisationen stehen für die Einhaltung von gewissen Qualitätsstandards beim MBA-Programm. Die Top-Schulen lassen sich meist von allen drei Organisationen akkreditieren. Ich achtete dabei darauf, dass die Schulen nicht nur Mitglied der Organisationen waren, sondern tatsächlich von ihnen akkreditiert wurden.

Als Aufnahmebedingung fordern die meisten *Business Schools* einen Hochschulabschluss und eine Mindestpunktzahl bei einem Eignungstest, dem *GMAT (Graduate Management Admission Test)*. Umfassende Informationen und Testfragen fand ich im Internet unter www.GMAT.org. Einige wenige Schulen führen zusätzlich zum *GMAT* oder an dessen Stelle eigene Aufnahmeprüfungen durch.

Studenten mit Englisch als Fremdsprache müssen darüber hinaus eine Englischprüfung ablegen. Die meisten Schulen verlangen den *TOEFL*-Test *(Test of English as a Foreign Language)* – auch hierzu fand ich gute Informationen unter www.TOEFL.org. An verschiedenen Schulen, vornehmlich in Großbritannien, kann als Nachweis für die englische Sprache auch der *IELTS*-Test *(International English Language Testing System)* des *British Council* eingereicht werden.

Beide Tests, *GMAT* und *TOEFL,* legte ich vor der Bewerbung ab und schickte die Ergebnisse mit den kompletten Anmeldeunterlagen an die Schulen. Das beschleunigte meinen Bewerbungsprozess erheblich, da es keine Nachfragen zu den eingereichten Unterlagen gab. Die Schulen akzeptieren in der Regel aber auch nachgereichte Testergebnisse.

GMAT und *TOEFL* werden von *ETS (Educational Testing Service)*, einer US-amerikanischen Organisation, weltweit in vielen Städten durchgeführt. In Kairo kostete mich der *GMAT* 250,– US-Dollar und der *TOEFL* 100,– US-Dollar. Wer die Hürde nicht auf Anhieb nehmen kann oder mit dem Ergebnis noch nicht zufrieden ist, hat die Möglichkeit, die Prüfungen nach vier Wochen zu wiederholen. In diesen Fällen sendet *ETS* jedoch alle Ergebnisse der letzten zwölf Monate an die angegebenen Schulen. Durch eine monatliche Änderung der Prüfungsprogramme wird Manipulation weitgehend ausgeschlossen.

Beide Tests musste ich gemeinsam mit anderen Prüfungskandidaten in einem streng bewachten Raum an fest installierten Computern absolvieren. Die Prüfungsprogramme liefen jeweils ca. vier Stunden und gaben den Zeitraum für die zu absolvierenden Aufgabenblöcke genau vor. Viele der Antworten und Lösungen verlangen Allgemeinwissen, mathematische und sprachliche Kenntnisse sowie die Fähigkeit aus Texten zu schlussfolgern. Durch die gegebenen Zeitlimits werden vor allem nicht englischsprachige Studenten bei der Beantwortung der teilweise recht anspruchsvollen Fragen ziemlich unter Zeitdruck gesetzt. An Spicken brauchte man gar nicht erst zu denken.

Eine angemessene Vorbereitung wurde mir deshalb von mehreren Seiten empfohlen. Das Angebot der Vorbereitungshilfen reicht vom Übungsbuch für das Selbststudium bis hin zu Intensivkursen, die mehrere Monate dauern. Es war für mich letztlich von Vorteil, eine Vorstellung von den Prüfungsinhalten und dem Ablauf der Tests zu haben. Einige Aufgabenstellungen sind so ungewöhnlich, dass man sie unbedingt vorab kennen gelernt, am besten sogar geübt haben sollte.

Doch sobald das MBA-Studium begann, verloren die Ergebnisse der Tests völlig an Bedeutung und es zeigte sich, dass selbst hervorragende *GMAT*-Ergebnisse nicht für Managementpotential bürgen.

Es war früher Herbst 1998 und die Zeit drängte. Ich wollte mit Gewissheit im folgenden September mein Studium beginnen. Eine Bewerbung im November oder Dezember des Vorjahres erhöht die Chance auf eine Aufnahme erheblich, da auch die Schulen daran interessiert sind, möglichst frühzeitig viele Studenten zu binden. Der Besuch eines *GMAT*- oder *TOEFL*-Vorbereitungskurses war mir zu aufwendig. In den vergangenen Jahren hatte ich im Job meine Korrespondenz und die Verhandlungen auf Englisch geführt und mir dabei einen akzeptablen Wortschatz zugelegt. Ich besorgte mir in Kairo einige der erhältlichen Bücher und Kassetten zum Selbststudium und konnte damit noch beachtliche Fortschritte erzielen.

Meine Arbeitsbelastung war nicht geringer als zuvor, deshalb blieben zum Lernen nur die Wochenenden. Dabei musste ich mir erst einmal überlegen, was ich zu den teilweise recht abwegigen Themen der Essays überhaupt schreiben konnte. Wie sollte man als General Manager zu interessanten Unterrichtsfächern, Ferienjobs oder den Vor- und Nachteilen von Schuluniformen auf Anhieb einen Aufsatz mit 300 Wörtern schreiben? Für viele Themen legte ich mir in Gedanken mit wenigen Stichwörtern einen Standpunkt zurecht, so dass ich bei der Prüfung möglichst keine Zeit mit Grübeln verschwenden musste. In englischer Sprache 200 bis 300 Wörter in 30 Minuten zu schreiben, scheint zunächst nicht viel, doch hier sind der Inhalt, die Argumente, die Struktur, Rechtschreibung und Grammatik ausschlaggebend für die Bewertung. Ich tat gut daran, so etwas zu üben, um durch eine strukturierte Herangehensweise ein akzeptables Ergebnis zu sichern. Tatsächlich handelte es sich bei meinen Prüfungen um ganz andere Themen und ich hatte keine Auswahl, sondern fest vorgegebene Fragen zu erörtern. Studieren würde mit Sicherheit nicht nur Vergnügen werden. Immerhin gelang es mir, in Kairo neben meinem Job beide Prüfungen mit ausreichenden Punktzahlen für die Top-Schulen zu absolvieren.

Parallel zu meinen ersten Prüfungsvorbereitungen seit zehn Jahren versuchte ich Entscheidungsträger meiner Firma von dem Vorhaben MBA zu überzeugen. Dabei erlebte ich unterschiedliche Reaktionen. Manager, die sich aktiv um ihre Weiterbildung und Karriere gekümmert hatten und dabei mit vielen Veränderungen in ihren Laufbahnen konfrontiert waren, erkannten den Wert des Studiums. Andere, die noch von einer lebenslangen Bindung eines Mitarbeiters zu seiner Firma überzeugt waren oder stärker den firmeninternen Weiterbildungsmaßnahmen vertrauten, rieten mir ab. Im Wesentlichen schienen diese „Schwarz-Weiß"-Meinungen zum Thema MBA generationsbedingt auseinander zu gehen: Skepsis bei älteren Managern, Aufgeschlossenheit bei jüngeren. Letztendlich unterstützten mich jedoch alle meine Vorgesetzten großartig mit der Übernahme der Studiengebühren, einer unbezahlten Freistellung für die Zeit des Studiums, der Zusicherung eines angemessenen Jobs danach und mit den für die Anmeldung notwendigen Empfehlungsschreiben. Dafür verpflichtete ich mich, nach dem Studium für mehrere Jahre im Unternehmen zu bleiben. Meine lokalen Geschäfte übergab ich zu einem vereinbarten Zeitpunkt an einen qualifizierten Nachfolger.

Nun musste ich nur noch an einer *Business School* aufgenommen werden.

Mitte November 1998 besuchte ich eine MBA-Messe am Frankfurter Flughafen und klapperte gezielt die Stände der Schulen ab, die ich in die engere Wahl gezogen hatte. Unmittelbar nach der Öffnung der Tore ging ich zu meinen Favoriten, was sich als sehr sinnvoll erwies. Durch den großen Andrang verlängerten sich im Laufe des Tages zunehmend die Wartezeiten und die Informationsgespräche wurden kürzer und teilweise unfreundlicher. Unter den Anbietern gab es auch Schulen, die ihr internationales Renommee unter allen Umständen verbessern wollten und außergewöhnlich hohe Ansprüche an potentielle Studenten stellten. Besonders arrogant war eine traditionelle britische Universität, die erst 1998 ihr MBA-Programm gestartet hatte und in keinem *Ranking* zu finden war. Mit Verweis auf meinen Lebenslauf musste ich mir an ihrem Stand sagen lassen, dass meine *Intellectual Ability* für die Universität nicht ausreichend sei und ich mich erst gar nicht bewerben brauche.

Von dieser Äußerung ließ ich mich nicht abschrecken. Schließlich ist das MBA-Studium ein sehr gutes Geschäft für die Universitäten und der Wettbewerb wird zusehends stärker. Zum einen drängen ständig neue MBA-Anbieter auf den Markt, zum anderen werden auch die internationalen Kooperationen und Verflechtungen der Universitäten enger. So vermarkten renommierte Schulen ihre Programme verstärkt in Kooperationen mit europäischen und asiatischen Universitäten. Dadurch ist zwischen den *Business Schools* ein Kampf um Talente unter den Professoren und Studenten entbrannt. Ein MBA-Anbieter muss seine Studienplätze voll bekommen, um möglichst rentabel zu sein. Dafür ist er das gesamte Jahr über auf der Suche nach Kandidaten. Mit dem Start des neuen Studienjahres im

Oktober beginnt das *Recruiting* für das folgende Jahr und endet erst im September kurz vor dem neuen Start. Vereinfacht gesagt, sind dabei das Renommee der Schule und die Qualität der Vortragenden sowie der Studenten gegenseitig voneinander abhängig. Eine Schule ist attraktiv für gute Professoren und Studenten, wenn sie ein gutes Renommee hat, d. h. sowohl in möglichst vielen *Rankings* einen der vorderen Plätze belegt, als auch erfolgreiche Manager hervorbringt, die als CEO oder CFO in diversen eindrucksvollen Firmen auftauchen. Das gute Renommee erhält die Schule wiederum durch gute Professoren und Studenten. Prädikate wie Internationalität, Durchschnittsalter, Anteil der Frauen etc. machen die ohnehin komplexe *Recruiting*-Situation noch etwas komplizierter. So gehen viele Schulen regelrechte Gratwanderungen zwischen Qualität und wirtschaftlichem Erfolg durch volle Belegung ein. Also, was die Bewerbung betrifft: Nichts wird so heiß gegessen, wie es gekocht wird!

Ich erhielt ausreichend Informationsmaterial und Bewerbungsunterlagen von den fünf Schulen, die ich in Betracht gezogen hatte. Ihre Rückmeldungen in den Gesprächen waren durchweg positiv. Zu Hause benötigte ich mehrere Wochen, um eine endgültige Auswahl zu treffen und die Bewerbungsunterlagen für drei Schulen vollständig auszufüllen. Letztlich blieb ich bei meiner ursprünglichen *Shortlist* und bewarb mich nur bei europäischen *Business Schools*: zwei Top-Adressen und eine Backup-Schule, die in internationalen *Rankings* weiter hinten lag. Damit wollte ich sicherstellen, dass ich im folgenden Jahr mein MBA-Studium wirklich beginnen konnte.

Das Ausfüllen der Bewerbungsunterlagen war aufwendig. Jede Schule verlangte kurze Essays zu unterschiedlichen persönlichen Themen. Zum Beispiel musste ich erklären, warum ich das MBA-Studium gerade jetzt machen wollte und wie ich dachte, dazu beitragen zu können. Außerdem musste ich über wichtige Situationen oder schwierige Entscheidungen meines Lebens berichten. Darüber hinaus wurden bis zu drei Referenzen von bisherigen Vorgesetzten verlangt. Dies war der aufwendigste Teil, denn natürlich wartet keiner der viel beschäftigten Herren auf eine solche Aufgabe. Ich musste dafür ausreichend Zeit einplanen und ihnen teilweise umfangreiche Zuarbeit leisten. Doch was gibt es Schöneres, als eine Empfehlung für sich selbst zu schreiben?

Anfang Dezember 1998 waren meine Bewerbungen komplett und ich konnte sie endlich abschicken. Keine Bestätigung, kein Empfehlungsschreiben und kein Prüfungsergebnis fehlte. Damit war ich den Ratschlägen der geläufigen MBA-Ratgeber gefolgt: Um die Annahme nicht zu gefährden, nur komplette Bewerbungsunterlagen an die Schulen senden! Innerhalb von vier Wochen erhielt ich drei Einladungen zu Interviews jeweils an *Open Days* der Universitäten. Ich organisierte die Termine so, dass sie mit einer einzigen Anreise an drei aufeinander folgenden Tagen Ende Januar realisiert werden konnten. So musste ich in Kauf nehmen, dass ich nur an einer Universität einen *Open Day* mit umfangreichem Programm besuchen konnte. Für die anderen beiden hatte ich ein individuelles Interview vereinbart. Die Spannung stieg.

Die drei Besuche verliefen sehr unterschiedlich und machten es mir leicht, eine Entscheidung zu treffen. Wahrscheinlich hätte ich die Gespräche auch telefonisch führen können, doch der zeitliche und finanzielle Aufwand einer Reise nach England hat sich für mich sehr gelohnt. Ich bekam dadurch einen umfassenden Eindruck von den Studien- und Lebensbedingungen aller drei Universitäten und konnte sie vergleichen. Für meine Frau, die mich auf der Reise begleitete, war es eine ausgezeichnete Gelegenheit, sich auf das bevorstehende Jahr einzustellen.

Die erste Universität mit ihren vielen verschiedenen Studiengängen war eine kleine Stadt für sich. Der Komplex wurde durchzogen von einer stark befahrenen Straße, Unterkünfte waren teuer und eine hohe Anzahl von *undergraduate students* deutete auf Anonymität. Obwohl ich überpünktlich war, wurde ich in der *School of Management* bereits erwartet. Die Begrüßung verlief sehr freundlich. Kurz danach war ich mit dem *Admission Manager* in einer Ecke des Forums hinter Getränkeautomaten auf einem gemütlichen Sofa in ein anregendes Gespräch vertieft. Wir redeten über Studieninhalte, Abläufe und die Erwartungen, die beide Seiten von dem bevorstehenden Studienjahr hatten. Natürlich musste ich auch viel über mich erzählen; zum Beispiel, welche Erfahrungen in meinem Berufsleben für mich besonders wichtig waren und warum. Teilweise wurden meine Angaben, die ich in die Bewerbung geschrieben hatte, hinterfragt und ich sollte anschauliche Beispiele dazu geben. Danach zeigte man mir einige Lehrsäle, die Bibliothek und das *Career Office*. Das Gespräch verlief sehr angenehm und nach zweieinhalb Stunden war alles erledigt. Ich hatte einen guten Eindruck von der Professionalität der Schule gewonnen; die Studieneinrichtungen waren einladend und in einem sehr guten Zustand. Ich konnte mir gut vorstellen, hier zu studieren.

Weitere Informationen bezüglich Unterkunft etc. erhielt ich von verschiedenen Büros. Dabei stellte sich unter anderem heraus, dass es schwierig werden würde, am Campus oder in der näheren Umgebung ein geeignetes Sprachstudium für meine Frau zu finden. Ich hatte noch keine Vergleichsmöglichkeiten und so war ich gespannt auf die Eindrücke von den anderen Schulen.

An einem nebligen, feuchtkalten Vormittag kamen wir nach Cranfield, um mit fünfzehn weiteren Kandidaten einen *Open Day* an der *Cranfield School of Management* zu besuchen. Vor uns lag ein mehrstündiges Programm. Auch meine Frau wurde freundlich betreut und hatte dabei Gelegenheit, mit Studenten und Partnerinnen über das Leben am Campus zu sprechen.

Wir potentiellen Studenten wurden zunächst im Foyer von der *Admission Managerin* begrüßt, die ich bereits von der Messe in Frankfurt und einigen Telefonaten kannte. Danach erhielten wir den

Zeitplan für unsere Einzelinterviews mit Professoren. In einem anregenden Gespräch mit dem Marketingguru der Schule, Professor Malcom McDonald, berichtete ich über Einzelheiten meiner bisherigen Tätigkeiten, die Gründe für meinen Studienwunsch und schließlich diskutierten wir über die Einführung des Euro und die Osterweiterung der EU. Mein Gesprächspartner gab mir Hinweise zum Inhalt, Ablauf und den Auswirkungen des Studiums. Durch ein kaum zu übertreffendes Angebot an Wahlfächern in der zweiten Hälfte des Studiums bestand die Möglichkeit, das MBA-Programm nach persönlichen Anforderungen Maß zu schneidern. Das interessante Gespräch bestätigte mir den von den schriftlichen Informationen vermittelten Eindruck einer individuellen Betreuung. Malcom McDonald verabschiedete sich mit den Worten: *„When you come out of the MBA, you will be a different person!"* Ein Satz, der sich in mein Bewusstsein brannte.

Im weiteren Verlauf des Tages besichtigten wir die Räumlichkeiten und Einrichtungen der Schule: Vorlesungssäle, TV-Studio, Computerstudio, Bücherei und *Management Information and Research Centre*, kurz *MIRC* genannt. Ich war beeindruckt und wollte am liebsten gleich hier bleiben und mit dem Lernen beginnen. Die Universität unterhielt auf dem Campus in anderen Gebäuden weitere Studiengänge sowie einen kleinen Flugplatz, der von der *School of Aeronautics* betrieben wurde. Die *School of Management* war seit über 40 Jahren das Flaggschiff dieser Universität, in der ausschließlich *postgraduate students* studieren. Beim Mittagsbüfett mit derzeitigen MBA-Studenten konnte ich noch viele Einzelheiten über deren persönliche Eindrücke erfahren. Allerdings machten alle einen etwas hektischen Eindruck und um 13:00 Uhr waren sie schlagartig verschwunden.

Nach Beendigung des offiziellen Programms besichtigte ich mit meiner Frau in Eigeninitiative Studentenunterkünfte, die zwar etwas klein, aber zweckmäßig und preiswert waren. Ein Jahr lang konnte man es dort sicher gut aushalten. Ein Restaurierungsprogramm sollte die vorhandene Bausubstanz in den nächsten Jahren „2000-fähig" machen. Auf Wunsch wurden auch Wohnungen außerhalb des Universitätsgeländes vermittelt.

Für Partner bot die *Cranfield University* verschiedene Englischkurse an. Darüber hinaus hatte meine Frau auch die Möglichkeit, an den Colleges der nahe gelegenen Städte Bedford und Milton Keynes Englischkurse mit Cambridge-Zertifizierung zu besuchen. Beide Studienvarianten boten ein gutes Preis/Leistungs-Verhältnis.

Auf dem Campus befanden sich herrliche, große Grünanlagen, ruhige Straßen und Wege, ein großer Spielplatz, mehrere Fußball- und Tennisplätze, andere Sportmöglichkeiten und ein Fitnesscenter. Die Schule legte besonderen Wert darauf, auch Familien mit Kindern gute Lebensbedingungen zu bieten und unterhielt eine Kindertagesstätte und einen Schulbusservice. Kleine Läden boten die wichtigsten Versorgungsmöglichkeiten. Eine Bushaltestelle war die Verbindung zur Außenwelt. Beides war wichtig für Studenten ohne Auto. Das nächste Dorf lag etwa drei Kilometer entfernt. Nachdem wir die vergangenen Jahre in Großstädten gelebt hatten, war dies für uns der ideale Standort zum Studieren.

Meine Entscheidung traf ich bereits zu diesem Zeitpunkt: Schickte mir die *Cranfield School of Management* eine Zusage, ich würde in einem halben Jahr wieder hierher kommen.

Völlig aufgewühlt von den neuen Eindrücken und in Gedanken schon ganz in dem anstehenden Studienjahr fuhren wir noch abends weiter in den Norden, um die dritte und letzte Universität zu besuchen.

Sie befand sich in einem großen Park mit alten, knorrigen Bäumen und romantischen Teichen, in denen sich die tief liegende Wintersonne spiegelte. Große, ehrwürdige Gebäude beherbergten viele verschiedene Studiengänge. Hier studierten vor allem *undergraduate students*. Die *Business School* war eine von vielen Aktivitäten der Universität.

In einem freundlichen Gespräch mit einem Mitglied der Schulleitung erhielt ich die wesentlichen Informationen zum MBA-Programm. Danach folgte ein gemeinsamer Rundgang durch alte, abgenutzte Einrichtungen. Die neue *Business School* stand bereits im Rohbau und ihre Fertigstellung wurde mir für das kommende Studienjahr versprochen. Es gab keine Unterkünfte auf dem Campus. Die Studenten wohnten privat im Umkreis der Universität. Ein Englischkurs für meine Frau wäre zwar möglich, aber teuer. Nach knapp zwei Stunden befanden wir uns bereits wieder auf der Autobahn Richtung Flughafen London Heathrow.

Nach nur wenigen Tagen erhielt ich von jeder der drei Universitäten die Zulassung zum Studium im September. Welch eine Freude! Alle drei *Business Schools* wären für meine Weiterbildung akzeptabel gewesen. Meine Priorität für Cranfield hatte sich jedoch bestätigt, da diese Studieneinrichtung meine persönlichen Auswahlkriterien am besten erfüllte.

Die *Cranfield School of Management* war eine führende europäische Einrichtung mit einem einjährigen MBA-Studium. Obwohl stark in *Economics* und Marketing, bot die Schule ein Generalisten-Programm an, d. h., sie hatte keine vorherrschende Fachrichtung, sondern *General Management* stand im Mittelpunkt. Das Durchschnittsalter der Studenten lag bei über 30 Jahren. Darüber hinaus war dies eine reine *postgraduate* Universität, befand sich herrlich im Grünen, bot gute Wohnmöglichkeiten am Campus, nahe Golfplätze und einen eigenen Flughafen, der einlud, Flugstunden zu nehmen. Die nächsten größeren Städte in der Umgebung lagen jeweils ca. 15 km von Cranfield entfernt, Bedford im Osten und Milton Keynes im Westen.

Die verbleibenden Monate bis September waren geprägt von einem intensiven Kontakt mit der Schule. Verschiedene Details waren noch zu klären, wie zum Beispiel die Reservierung der Unterkunft und der Abschluss einer Krankenversicherung. Die Zahlung von Vorschussraten sicherte meinen Studienplatz. Ich erhielt weitere Informationen über das Studium. Für ausländische Studenten wurde ein Vorbereitungskurs angeboten, in dem sie bis zu vier Wochen lang vor dem eigentlichen Studium ihre Englischkenntnisse verbessern und sich mit den Lehrmethoden vertraut machen konnten. Ich entschied mich, zwei Wochen teilzunehmen und dieser Schritt erwies sich später als richtig. Abgesehen davon, dass es hilfreich war, mein Englisch aufzupolieren, konnte ich in dieser ersten Phase wertvolle Freundschaften schließen, mich mit den Örtlichkeiten vertraut machen, viele organisatorische Angelegenheiten klären und einen ersten Einblick in den Studienalltag erhalten. Ein sinnvolles Zeitinvestment.

Bevor es im September in Cranfield los ging, nutzte ich die Gelegenheit der einjährigen Arbeitsunterbrechung für einen ausgiebigen Urlaub. Er gab mir die Gelegenheit, Abstand von den Geschehnissen meines Alltags zu gewinnen und Kraft für einen neuen Lebensabschnitt zu tanken.

Direkt nach der Rückkehr aus dem Urlaub belud ich unser Auto mit allem, was wir für die nächsten zwölf Monate in England benötigten. Die Wohnung wurde auf eine längere Einsamkeit vorbereitet. Mit unseren Nachbarn vereinbarte ich, die Post nachzuschicken. Das Abenteuer MBA-Studium konnte beginnen.

2 Aufwärmrunde – Roll Up Your Sleeves!

[Samstag, 04. September 1999

In unserem voll bepackten Auto ist gerade noch Platz für meine Frau und mich. Nach stundenlanger Fahrt, nur unterbrochen durch eine kurze Kanalüberquerung von Calais nach Dover, kommen wir uns vor wie gefaltet. Cranfield liegt vor uns. Ein kleines verschlafenes Dorf am Samstagabend. Die Gehsteige sind hochgeklappt und die Pubs gut besucht. Bevor wir unsere Unterkunft suchen, fahren wir voller Begeisterung über das Universitätsgelände, um gleich etwas Studienluft zu schnuppern. Wir finden alles so vor wie bei unserem Besuch im Januar, nur etwas freundlicher im warmen Licht der spätsommerlichen Abendsonne. Mein Gefühl ist anders als damals. Ich bin kein Besucher mehr, sondern MBA-Student der Klasse 1999/2000. Hier werden wir also tatsächlich die nächsten zwölf Monate unseres Lebens verbringen. Ein aufregendes Gefühl, das hohe Erwartungen weckt.

Für die Dauer des Vorbereitungskurses habe ich ein Bed-and-Breakfast-Zimmer gebucht, da die Unterkünfte am Campus noch von den 98er-Studenten belegt sind. In einer nahe gelegenen Farm beziehen wir eine Dachkammer mit Bad auf dem Gang für 35,– Pfund pro Nacht. Die Vermieterin ist sehr freundlich und hilfsbereit und verstaut die meisten unserer Gepäckstücke in ihrer Waschküche. Ich fühle mich wie in einem zu kleinen Käfig. Nach vierzehn Reisestunden versucht mein übermüdeter Kopf mehrmals die schrägen Wände zu verschieben. Wenn ich das drei Wochen lang aushalten muss, bin ich danach vermutlich nicht mehr zum Denken in der Lage. Wir sind zu sehr aufgekratzt, um den Tag damit zu beenden, einfach ins Bett zu fallen. In Milton Keynes gehen wir essen und lernen dabei auch etwas mehr von der Umgebung kennen. Die Stadt besteht aus einem überdimensionalen Shopping Center mit umliegenden Reihenhaussiedlungen. Das Ganze ist durchzogen von senkrecht zueinander stehenden, mehrspurigen Straßen, die sich in unzähligen Kreisverkehren schneiden. Milton Keynes ist am Reißbrett entstanden, als Schlafstätte für tausende Menschen, die täglich nach London pendeln.

Im ausgestorbenen Shopping Center finden wir ein kleines chinesisches Restaurant, das noch offen hat und lassen den Tag mit „Shreddered pork with green pepper – extra hot" ausklingen.

[Sonntag, 05. September 1999

Der Bauernhof hat heute schon etwas mehr Charme und erinnert mich an meine Kinderbücher. Vom Frühstückstisch aus blicke ich auf eine Wiese mit grasenden Pferden, Schafen und einem Schwein in einer Hundehütte. Unzählige Hühner rennen mit ihrem Nachwuchs auf dem gesamten Grundstück herum und zwei Hunde toben übermütig durchs Haus. Nach dem Frühstück unternehmen wir eine Erkundungstour über Wiesen und Felder. Mehrmals erschrecken uns schimpfende, auffliegende Fasane, die wohl ihre letzten Lebensmonate genießen, bevor sie im Winter in der Pfanne landen werden.

Nachmittags habe ich meinen ersten Termin in der *Business School*. Ich treffe vier neue Studenten und einen Professor zum „Small Talk". Wir sitzen im Freien unter einem Sonnenschirm und erfahren bei kühlen Säften Einzelheiten zum Ablauf des Vorbereitungskurses und des Studiums. Der Professor ist ein Deutscher, der vor über 20 Jahren nach England kam und hier in Cranfield Deutsch als Fremdsprache unterrichtet. Ein sympathischer Mensch, der die Unterhaltung von Beginn an mit seiner freundlichen Art auflockert. Jeder erzählt ein wenig von sich und warum er zum MBA-Studium kam. Am Ende können wir es kaum erwarten, mit diesen netten, intelligenten Menschen gemeinsam in Vorlesungen zu sitzen und Aufgaben zu lösen. Doch bis zum eigentlichen Beginn des Studiums sind es noch vier Wochen. 14 Tage Vorbereitungskurs, sieben Tage Mathematik- und Computer-Training für Studenten mit Nachholbedarf und eine Orientierungswoche für alle Studenten.

[Montag, 06. September 1999

Heute beginnt mein Vorbereitungskurs. Nach einem ausgiebigen Lauf über die Felder fahre ich erstmals zu Vorlesungen in die Management-Schule. Was wird der Tag bringen? Ein neuer Abschnitt in unserem Leben beginnt. Meine Frau spuckt mir über die Schulter. Das soll ja wohl helfen, geschadet hat es zumindest noch nie.

Der Empfang an der Uni ist freundlich. An der Anmeldung sitzt jene Dame, die mir beim Abschied im Januar so ermutigend gesagt hatte, dass wir uns im September wiedersehen werden. Sie hat Recht behalten. In meinem Kopf läuft der Film vom Interviewtag ab. Alles sieht noch so aus wie damals. Diese Räume werden in den kommenden zwölf Monaten für mich der Mittelpunkt der Welt sein. Mit einer beinahe überschwänglichen Begrüßung reißt mich ein Professor aus meinen Gedanken. Er leitet den Vorbereitungskurs und scheint ebenso motiviert und energiegeladen zu sein wie ich. Plötzlich hängt ein Studentenausweis mit meinem Foto an meiner Brust und nimmt mir die letzten Zweifel, dass mein über Jahre gereifter Wunsch „MBA-Studium" nun Realität wird. Ich erhalte die Vorlesungsunterlagen für die kommenden zwei Wochen und Lagepläne für die Orientierung in der Management-Schule und am Campus. Das ist vermutlich alles, was ich in den nächsten zwei Wochen brauchen werde. Damit betrete ich den Vorlesungssaal 12. Er ist mit fünf aufsteigenden Sitzreihen wie ein Amphitheater gebaut. Unten in der Mitte steht ein Schreibtisch, daneben ein Overhead-Projektor. Die Wand dahinter ist mit drei großen, beweglichen, weißen Schreibtafeln ausgestattet, die ausreichend Platz für kreative Vorträge bieten. Von der Decke hängt ein fest installierter Beamer.

Der Vorbereitungskurs wird von achtzig ausländischen Studenten besucht, die aufgeteilt sind in zwei *Streams* zu je vierzig Studenten. Chinesen, Brasilianer, Argentinier, Russen, Inder, Pakistani, Franzosen, Peruaner, Holländer, Italiener, Schweizer, Deutsche. Ein großer Reigen von Nationen hat sich bereits vor vierzehn Tagen in Cranfield eingefunden, um im Vorfeld schon ein wenig an dem zu schnuppern, was sie im eigentlichen Studium erwartet. Zusammen mit vier anderen Studenten stoße ich für die verbleibenden zwei Wochen hinzu. Ziel ist es, unsere Englischkenntnisse zu verbessern und die Lehrmethoden kennen zu lernen. Dazu erhalten wir ausreichend Gelegenheit in Diskussionen, Vorträgen und Teamarbeiten. Darüber hinaus werden Grammatik, Vokabeln und Idioms wiederholt.

Wenige Minuten bevor die Vorlesung beginnt, ist der Saal voll und erfüllt von angeregten Gesprächen. Ich werde gleich am Eingang freudig von einer Dreiergruppe aufgenommen und lasse mich in die Geschehnisse der vergangenen beiden Wochen einweihen. Im Laufe des Tages spreche ich mit jedem der 40 Studenten meines Streams ein paar Worte und habe das wunderbare Gefühl, mich unter begeisterten Gleichgesinnten zu befinden.

In der ersten Vorlesung stellen wir Neuankömmlinge uns den Studenten vor, die den Kurs bereits am 23. August begonnen haben. Danach trainieren wir Redewendungen aus dem *Cambridge Proficiency Course* und schon sind wir mitten im Lernprozess. Nach wenigen Minuten fällt die extreme Anspannung von mir ab. Das Klima ist offen und beinahe warmherzig. Keine Spur von kalten, karrieregeilen Egoisten. Jeder ist froh, dass es nach der langen Aufnahme- und Vorbereitungsprozedur endlich losgeht. Echte Zwänge gibt es in diesem Kurs nicht. Er läuft angenehm und stimulierend ab. Die Studenten und Professoren verbindet ein freundschaftliches Verhältnis. Gemeinsame Sportaktivitäten und Ausflüge im Laufe der kommenden Tage verstärken dieses wertvolle Gefühl und vereinfachen die ersten Gehversuche an der *Business School*. Ich bin erleichtert, hatte ich doch mehr Autorität für mein Studentenleben erwartet. Der Kurs läuft ganztägig von Montag bis Freitag zwischen 9:00 und 16:30 Uhr ab. Für Freitagnachmittag ist Fußball angesagt. Warten wir ab, wie lange wir das so weitermachen können.

In der nächsten Veranstaltung erhalte ich den Auftrag, mich in den kommenden zwei Wochen an der Erstellung verschiedener Präsentationen und *Reports* zu beteiligen. Zufrieden fahre ich nach einem kurzen Pub-Besuch zurück zu meiner Dachkammer.

Freudestrahlend empfängt mich meine Frau. Bereits in zwei Tagen können wir eine Studentenwohnung beziehen. Welch eine Nachricht! Sie macht das Unmögliche möglich. Ich hätte mir aber auch wirklich nicht vorstellen können, für ganze drei Wochen in diesem teuren Kaninchenstall hausen zu müssen.

Dienstag, 07. September 1999

Ich werde weiter in das Studiengeschehen eingeweiht und mache einige spielerische *Case Studies* und *Teambuilding*-Aufgaben mit meinem ersten MBA-Team. Dazwischen bekommen wir immer wieder Englischaufgaben. Viel Grammatik und Redewendungen. Wir lachen ausgiebig und lernen in einer entspannten Atmosphäre. Die Pausen sind einfach zu kurz, sich kennen zulernen und über all das Neue zu unterhalten. Da bleibt nur abends das Pub.

Mein erster Präsentationstermin wird am Donnerstag eine Drei-Minuten-Rede zu einem Thema meiner Wahl sein. Am Dienstag nächster Woche folgt eine Gruppenpräsentation zur Situation der HSBC Bank und am Freitag nächster Woche ist ein individueller *Report* zum Thema *Direkt Banking* abzugeben.

Dies gibt mir einen Vorgeschmack auf das, was in den nächsten Monaten auf mich zukommen wird. Ich nehme mir vor, gleich von Beginn an Aufgaben nicht aufzuschieben, sondern nach ihren zeitlichen Prioritäten laufend abzuarbeiten.

Meine Frau erledigt alle Formalitäten zur Kontoeröffnung und für ihr Englischstudium, während ich mich ausgiebigen Gruppendiskussionen mit Studenten aus aller Welt und erstem „Prüfungsstress" hingebe. Außerdem hat sie bereits unsere Lebensmittelversorgung sichergestellt. Wie gewohnt haben wir eine hilfreiche Arbeitsteilung.

Mittwoch, 08. September 1999

Es wird heimisch! Innerhalb kürzester Zeit regle ich die Bezahlung des Bed-and-Breakfast, unterschreibe unseren Mietvertrag und schleppe unser Gepäck in unsere Studentenwohnung im zweiten Stock.

Zur zweiten Vorlesung über *Asset Management* komme ich pünktlich. Ich brenne für alle *Finance*-Themen, da ich gerade dort in der Vergangenheit die größten Lücken hatte. Wir sehen einen Film über *Working Capital* und die einzelnen Elemente: Vorräte, Forderungen und Verbindlichkeiten. Es geht darum, wie sie sinnvoll gesteuert werden können, um die Finanzierungskosten möglichst niedrig zu halten. Danach diskutieren wir über die praktische Umsetzung dieser Maßnahmen in einem Unternehmen. Als unsere Fragen und Diskussionsbeiträge nicht enden wollen, beruhigt uns die Professorin mit der Aussicht auf zahlreiche *Finance*-Vorlesungen in den kommenden zwölf Monaten.

Nachmittags ist Zeit für Gruppenarbeit zur Vorbereitung unserer *Reports* und gemeinsamen Präsentationen. Ich arbeite zum ersten Mal im Computerstudio und nutze die Gelegenheit, um mit einigen der 98er-Studenten zu sprechen. Die geben bereitwillig Auskunft zu all meinen Fragen und bald sind wir umringt von einem Knäuel neuer, internationaler Studenten. Das brennendste Thema ist die Jobsituation der beinahe fertigen Absolventen. Ein Teil der Studenten hat den Campus bereits verlassen und arbeitet schon wieder. Andere machen erst einmal ein paar Monate Pause, bevor sie mit der Jobsuche starten. Es scheint, als habe niemand ernsthafte Schwierigkeiten, nach der einjährigen Unterbrechung wieder eine wunschgemäße Anstellung zu finden. Das beruhigt die meisten und langsam löst sich die informative Veranstaltung auf. Wir recherchieren in kleinen Gruppen zu zweit oder zu dritt im Internet die Themen, die wir aufgetragen bekommen haben und versuchen eine erste Struktur zu erstellen. Vor Begeisterung und Interesse habe ich gleich am dritten Tag die Zeit übersehen. Erst um 21:00 Uhr mache ich mich rasch auf den Heimweg.

Meine Frau erwartet mich. Alles ist verstaut. Die Wohnung glänzt und es duftet nach Abendbrot. Wir leben auf fünf mal fünf Metern. Kochen, Essen und Schlafen spielen sich in einem Raum ab, aber für ein Studentenpaar ohne Kinder ist diese Unterkunft in einem Wohnblock akzeptabel. Küchenecke, Esstisch, vier Stühle, zwei Sessel, flacher Tisch. Dazu ein Bett auf Rollen, das tagsüber unter einen Raumteiler mit viel Stauraum geschoben werden kann. Er trennt einen kleinen Arbeitsraum mit Schreibtisch von der Wohn-Schlafküche ab. Ein kleines Bad, zwei Einbauschränke, eine Abstellkammer – für ein Jahr ist das alles, was man braucht. Das Wertvollste ist der Blick auf die Felder und die Ruhe zum Studieren.

Auf dem Campus gibt es verschiedene Wohnmöglichkeiten. Studenten ohne Familie können zwischen Zimmern in verschiedenen Wohnheimen mit Vollpension oder Eigenverpflegung bzw. mit eigenem Bad oder Gemeinschaftsbad wählen.

Familien können entsprechend der Anzahl ihrer Kinder ein Haus passender Größe beziehen. Da jedoch meist nicht alle größeren Häuser benötigt werden, gibt es die Möglichkeit, sich für mehr Wohnraum zu bewerben. Dadurch werden im Verlauf von *Term 1* heftige Umzugsaktivitäten ausgelöst. Letztendlich finden alle Studenten binnen kürzester Zeit das, wonach sie suchen. Der Preis für die Unterkünfte auf dem Universitätsgelände ist angemessen und speziell die Gebäude, die bereits renoviert wurden, bieten eine gute Wohnqualität. Ein umfangreiches Renovierungsprogramm soll die Häuser und Wohnungen am Campus auf neuen Standard bringen, inklusive Netzanschluss zum Computersystem der Universität.

Donnerstag, 09. September 1999

Heute haben wir unsere individuellen Kurzpräsentationen. Obwohl es – verglichen mit meinen Jobs in der Vergangenheit – um nichts geht und die Leistung ohne Bewertung bleibt, habe ich Lampenfieber. Nach den ersten drei Studenten bin ich an der Reihe. Wir haben ein fantastisches Publikum, das nach jeder Rede heftig applaudiert und artige Fragen stellt. Das beruhigt mich und ich erzähle relativ locker meine Reise-Storys von Asien und Afrika. Applaus. Fragen. Danke. Alles ging unheimlich schnell. Als ich zurück auf meinen Platz gehe, spüre ich, wie sehr ich die Veranstaltung genossen habe.

Ich werde in dem bevorstehenden Jahr keine Gelegenheit auslassen, vor dem *Stream* zu sprechen. Diese Erfahrungen sollen mir für Vorträge und Argumentationen in meinem zukünftigen Arbeitsleben helfen, meine Nervosität besser im Zaum zu halten. Die *Business School* ist dafür ein ideales und risikofreies Experimentierfeld, auf dem Fehltritte problemlos hingenommen werden. Der nächste könnte der eigene sein. Alle sind hier in einer Lern- und Probierphase.

Den Rest des Tages verbringen wir mit Englischpauken und mit einem interessanten Vortrag über Englands Gesellschaft, Politik und Wirtschaft. Dem Vortrag folgt eine lange informative Diskussion über die Gründe für Englands Besonderheiten in vielen Punkten.

Meine Frau studiert in der Zwischenzeit die Anzeigen ehemaliger Studenten und kauft allerlei nützlichen Hausrat, der nicht mehr in unser Auto gepasst hatte. In diesen wenigen Wochen, in denen sich die Studenten zweier Jahrgänge auf dem Campus begegnen, entwickelt sich ein reger Gebrauchtwarenmarkt. Die Anschlagbretter hinter dem kleinen Supermarkt und in den Wohnheimen mutieren in dieser Zeit zu Börsen. Angebot trifft auf Nachfrage. Bis hin zum Auto soll alles einen neuen Besitzer finden.

Einige Studenten haben keine Zeit oder keine Lust sich als Händler zu betätigen und schaffen ihren Hausstand kurzerhand auf den Sperrmüll. Meine Frau kommt zufällig hinzu, als eine noch funktionierende Waschmaschine angeschleppt wird. Für ein paar Pfund kann sie die beiden überzeugen, den alten Kasten noch ein wenig weiter in unsere Wohnung zu bringen. Die Maschine leistet das ganze Jahr über gute Dienste und findet im Anschluss daran noch einen weiteren dankbaren Abnehmer.

Freitag, 10. September 1999

Die Entscheidung, zwei Wochen an dem Vorbereitungskurs teilzunehmen, war richtig. Mein Englisch wird aufpoliert, ich gewöhne mich an das Studieren mit all seinen verschiedenen Aufgabenstellungen und kann erste Kontakte zu Kollegen und Professoren knüpfen. Langsam kenne ich mich in dem Schulgebäude aus und finde, was in den Tiefen des Computernetzes verborgen steckt.

Wertvoll ist auch die Einführung in die Lernmethoden mit *Case Studies* und Teamarbeit. Das Erstellen einer Firmenanalyse innerhalb von zwei Tagen macht Spaß und ist eine gute Übung. Die Informationen dafür besorgen wir uns ausschließlich aus dem Internet von Informationsbrokern und Homepages der relevanten Firmen. Nächste Woche folgt die Präsentation und wir dürfen unter uns „Nicht-Englisch-Muttersprachlern" erst einmal unsere Vortragsfähigkeiten auf Englisch beweisen. Ohne Bewertung ist es nur halb so wild und wird es ernst, ist es gut, bereits einmal an dieser Stelle gestanden und präsentiert zu haben.

Es ist eine Umstellung für mich, wieder einmal ohne Sekretärin auskommen zu müssen und keine Arbeiten delegieren zu können. Die Aufgaben werden innerhalb der Gruppe aufgeteilt und dabei muss jeder administrative Tätigkeiten übernehmen.

Nachmittags ist Fußball angesagt. Zwei Mannschaften holzen eineinhalb Stunden über den Rasen. Fast alle Studenten des Vorbereitungskurses sind gekommen, entweder als Spieler oder Zuschauer. Ich mische mich unter die Zuschauer und bin froh, dass die Teams schon komplett sind. An mein letztes aktives Fußballspiel kann ich mich gar nicht mehr erinnern. Es ist für uns Passive nicht immer klar, wer eigentlich gegen wen spielt, aber wir haben alle einen riesigen Spaß.

Danach kaufe ich die für *Term 1* des Studiums erforderlichen Bücher und nutze den Abend, um mir darin einen ersten Überblick zu verschaffen.

Samstag, 11. September 1999

Im nahe gelegenen Bedford besuche ich vormittags mit meiner Frau und anderen Studenten eine Auktion. Wir müssen eine Weile suchen, bis wir das Gelände in der Nähe des Zentrums finden. Ein großer Komplex, bestehend aus vier Hallen, in denen nahezu alles angeboten wird. Von antiken Bildern und Möbeln über Büro- und Werkstatteinrichtungen, Fahrrädern, Haushaltsgeräten und Küchenmaschinen bis hin zu Hi-Fi-Anlagen, Fernsehern und PC-Zubehör. Wir beobachten das Treiben in den vier parallel laufenden Versteigerungen eine ganze Weile, bis ich mir die richtige Strategie für meine Teilnahme zurechtgelegt habe. Für etwa 25 Pfund ersteigere ich einen kleinen Fernseher, der uns neben den wichtigsten Informationen auch die gute englische Fernsehunterhaltung in unsere Studentenbude bringen wird. Zum Glück funktioniert er auch noch gut! Ich hatte vor meinem waghalsigen Kauf keine Möglichkeit zum Testen, da die Auktion bereits in vollem Gange war.

Nachmittags laufen meine Frau und ich durch das mittelalterliche Zentrum von Bedford. Auf unserem Heimweg decken wir uns mit allerhand Lebensmitteln für die nächste Woche ein. In den Supermärkten um Bedford und Milton Keynes finden wir alles, was wir von zu Hause gewohnt sind.

Sonntag, 12. September 1999

Es gibt noch keine Aufgaben, die in das Wochenende mitgenommen werden müssen. Wir genießen die Ruhe vor dem Sturm, der in den kommenden Monaten über uns hinwegfegen wird. An dem herrlichen Spätsommertag erkunde ich mit meiner Frau auf einer ausgedehnten Wanderung über Wiesen und Felder die nähere Umgebung. Die Ernte ist meist schon eingebracht und auf vielen Feldern grasen Kühe, Schafe und Pferde. Eine idyllische Landschaft, in der die Universität eingebettet liegt. Entscheidend für die Standortwahl vor über vierzig Jahren war der kleine Flughafen, der im zweiten Weltkrieg als Ausweichstützpunkt für die Luftverteidigung von London geschaffen wurde. Die *School of Aeronautics* war die erste Keimzelle der Universität in Cranfield, bald danach folgten die *School of Management* und weitere Studiengänge. Über die Jahre entwickelte sich die *Cran-*

field School of Management zur Nummer eins für Management-Weiterbildung in England und zu einer führenden *Business Schools* in Europa.

[Woche vom 13. bis 19. September 1999

Das Programm des Kurses ähnelt dem der letzten Woche. Wir haben zwei Höhepunkte, die uns in letzter Minute doch noch mehr unter Druck setzen, als uns lieb ist. Die Präsentation am Dienstag ist dabei noch das kleinere Übel. Ich habe in den letzten Jahren fast ausschließlich mit PowerPoint kommuniziert. Ob Kundenvortrag oder Präsentation unserer Geschäftszahlen, alles wurde mit PowerPoint-Folien unterstützt. Dabei hatte ich den zweifelhaften Ehrgeiz entwickelt, immer neue Darstellungsformen und Tricks zu verwenden, für die ich von meinem Auditorium nicht immer den gewünschten Beifall erntete. Hier kommt mir mein früherer Spieltrieb allerdings sehr zugute. Nach einer ausgiebigen Recherche im Internet bastle ich im Handumdrehen eine animierte Präsentation, die im *Stream* einen neuen Standard setzt. Inhaltlich muss ich allerdings noch nacharbeiten. Der *Report* macht mir etwas mehr Mühe. Was soll ich in 2.000 Wörtern über *Direkt Banking* schreiben? Wir diskutieren das Thema in kleinen Gruppen und kristallisieren verschiedene Fakten und Argumente heraus, die wir dann individuell ausarbeiten. Damit ist auch das geschafft.

Fast jeden Abend verabreden wir spontan improvisierte Dinner in unseren kleinen Unterkünften und diskutieren bis spät in die Nacht. Erste Freundschaften entstehen, die während des hektischen Studiums noch sehr wertvoll werden sollten. Ich beginne mich einzuleben. Für mein morgendliches Lauftraining habe ich eine schöne Runde auf dem Campus entdeckt, die ich je nach Verfassung zwei bis drei Mal laufen kann. Beginnend von unserem Wohnblock führt sie vorbei an Kuhweiden, durch eine herrliche Kastanienallee, um die *School of Management* und zurück über Fußballfelder. 30 bis 45 Minuten, das ist genau richtig, um wach zu werden.

[Woche vom 20. bis 26. September 1999

In dieser Woche werden Computer- und Mathematikkurse angeboten für Studenten, die im Aufnahmeprozess einen dringenden Nachholbedarf bei diesen Themen signalisierten. Für viele ist eine Teilnahme an den Kurzkursen obligatorisch als Bedingung für die Annahme zum Studium. Mit PCs und Zahlen habe ich keine besonderen Schwierigkeiten und so verläuft die Woche sehr ruhig für mich. Ich lese die ersten Kapitel in meinen *Economics-*, *Acounting-* und *Strategy*-Büchern und unternehme Ausflüge mit meiner Frau nach London und Woburn Abbey. Wir verbringen so viel Zeit wie möglich in der Natur und versuchen noch alle greifbaren Sonnenstrahlen des zu Ende gehenden Sommers einzufangen.

Meine Frau beginnt ihren Englischkurs. Dafür fährt sie drei Mal in der Woche nach Bedford. Im dortigen College besucht sie zusammen mit Studenten aus Italien, der Türkei, der Slowakei, China, Indonesien, Ungarn, Schweden und dem ehemaligen Jugoslawien den Kurs zur Vorbereitung auf das *Cambridge Advanced Certificate*. Am Wochenende unternehmen wir einen Ausflug nach Warwick, eine mittelalterliche Stadt mit unzähligen Fachwerkhäusern und einem herrlichen Landsitz inmitten eines ausgedehnten Parks mit riesigen alten Bäumen.

Für Sonntagabend ist ein „*get together*" für alle Studenten und deren Partner angesagt mit freien Drinks an der Bar. Wir alle sind unsicher und das zeigt sich in den Inhalten der Gespräche. Einer erzählt mir die tollsten Storys von seiner Karriere, für die ein MBA-Studium eigentlich gar nicht nötig wäre. Er nehme lediglich ein Jahr Auszeit für seine Selbstfindung. Ob Cranfield dafür geeignet ist? Ein anderer Student spricht über seinen außergewöhnlich gut bestandenen *GMAT* und wie sich zahllose Universitäten um seine Aufnahme gerissen hätten. Die Frage „Warum machst du das MBA-Studium in Cranfield?" wird an diesem Abend wohl die am häufigsten verwendete Phrase und ist Garant, mit seinem Gegenüber ins Gespräch zu kommen. Zentrale Themen sind das MBA-Studium, die Universität im internationalen *Ranking* sowie der Auswahlprozess mit all seinen Hürden.

3   In der Kaderschmiede – Make or Break

[Montag, 27. September 1999

Ich bin aufgeregt wie jeder Schulanfänger, da macht das Alter keinen Unterschied. Tatsächlich ähnelt die *Business School* heute einer Grundschule. Auf dem Fußboden kleben rote, grüne, blaue und gelbe Papierfüße, die den Weg in vier verschiedene Räume weisen. Die 210 Studenten sind in vier „*Streams*" aufgeteilt, rot, grün, blau, gelb. Der Empfang ist herzlich, fast überschwänglich. Wir sind alle im großen Forum der Schule versammelt und werden vom *Dean* der *Business School* und dem Direktor des MBA-Programms in kurzen Reden offiziell begrüßt. Dieser Moment wird mir immer in meiner Erinnerung bleiben. Es ist der tatsächliche Startschuss für mein MBA-Studium, das mich in Gedanken so lange beschäftigt hat. Irgendwie fühle ich mich nun einer Elite zugehörig, die es geschafft hat, alle Hürden der eigenen Entscheidungsfindung und des harten Auswahlverfahrens erfolgreich genommen zu haben. 210 Menschen, die für einen längeren Zeitraum aus der Tretmühle des Berufslebens ausgestiegen sind und in den nächsten zwölf Monaten nur ein Ziel haben, nämlich das Studium hier zu schaffen und zu lernen, was sie für ihren zukünftigen Berufsalltag benötigen. Nach einigen Danksagungen der alten Studenten an die vielen Helfer von der *Administration*, über die „Tea-Ladies" bis hin zu der netten Empfangsdame, zerstreuen wir uns in dem weitläufigen Gebäude. Jeder folgt den Papierfüßen seines *Streams* und gelangt so in den richtigen Vorlesungssaal. In meinem Raum ist alles gelb: Luftballons, Girlanden,

Blumen, Tücher. Studenten des letzten Studienjahres, so genannte *Orienteers*, und deren Partnerinnen haben alles liebevoll vorbereitet. Diese *Orienteers* übernehmen auch sofort das Kommando. Es geht zunächst ums Kennenlernen und um möglichst viel Spaß. Jeder soll sich mit einer wahren Geschichte vorstellen, in der ihm etwas furchtbar Peinliches passiert ist. Ein erster Schreck auf den Gesichtern. Die Studenten des letzten Jahres geben klar die Richtung vor: Lustig ist, was unter die Gürtellinie zielt. Viele Storys ähneln sich und sind eher unglaubwürdig. Mir fällt zum Glück gerade noch rechtzeitig ein, wie ich in Thailand in einem Hotel einmal gefragt worden war, ob ich mein Zimmer *„fully furnished"* haben wolle. Ich dachte mir damals nichts dabei, Möbel waren bisher selbstverständlich gewesen. Als ich auf mein Zimmer kam, lag ein leicht bekleidetes Mädchen auf dem Bett. Allgemeines Gelächter, die Idee war gut.

Die lustigste Begebenheit des Abends schaffte der Zufall. Ein Student erzählt, dass er in dem Wohnblock „Fedden House" am Campus wohnt und an sechs Abenden hinter einander eindeutiges Stöhnen gehört habe. Kurz, aber heftig. Das hatte ihn beeindruckt. Der nächste Student beginnt seine Geschichte mit den Worten: „I live in Fedden House ..." Alles lacht, nur er weiß im Moment nicht, warum niemand mehr seine eigentliche Story hören will.

Anschließend geben die *Orienteers* einen Überblick über das Studienjahr: Die vier *Terms*, Unterrichtsformen, Lehr- und Prüfungsmethoden. Sie haben wertvolle Hinweise parat, worauf besonders geachtet werden sollte. Eindrucksvoll schildern sie ihre persönlichen Erlebnisse und Gefühle, die uns einen guten Vorgeschmack auf den Studienalltag liefern. Einig sind sie sich, dass dies eines der anstrengendsten, aber auch schönsten und aufregendsten Jahre ihres Lebens war. Ihre eigene Initiative hat dazu einen ganz wesentlichen Beitrag geleistet. Dieses eine Jahr hat jeden einzelnen Studenten nachhaltig verändert. Vor allem haben sie sich selbst richtig kennen gelernt, ihre Stärken und Schwächen und wissen heute besser, welcher Job für sie geeignet ist.

Kaum ist der erste Informationsblock zu Ende, treffe ich meine Frau im Forum. Die folgende Veranstaltung nennt sich „MBA-Partnerberatung". Partnerinnen der Studenten des letzten Jahres reden uns ins Gewissen, dass über all dem Studienstress die Beziehung zwischen den Paaren nicht zu kurz kommen darf. Ferien sollten gemeinsam verbracht werden, am Wochenende müsse Zeit für einander und für gemeinsame Unternehmungen eingeplant werden, selbst wenn dann einige Studienaufgaben nicht erledigt werden könnten. Die Studenten brauchten die Pausen ohnehin und das Arbeitspensum ist so groß, dass niemand alle Aufgaben erledigen kann. Nichts, was nicht jeder wüsste, doch die Umsetzung scheiterte häufig. Die Frauen sprechen aus Erfahrung. Sie gehen in ihren Schilderungen sogar so weit, dass sie von einer Partnerin erzählen, die zu ihrem Mann gesagt haben soll, als dieser spät nachts völlig erschöpft zu ihr ins Bett gekrochen kam: „Deine Arbeit ist noch nicht vorbei …!" Allerdings zeugen eine Reihe von schwangeren Partnerinnen davon, dass zumindest nicht alle Studenten ihre Partnerinnen vernachlässigt haben.

Für ausgesprochen wichtig halten sie den Kontakt der Partnerinnen untereinander. Niemand solle sich in Cranfield einsam fühlen und mit den Schwierigkeiten dieser besonderen Lebensumstände allein gelassen werden. Die Partnerinnen des letzten Jahres haben gemeinsame Ausflüge unternommen, Partys veranstaltet und einen Stand für die Mittagsversorgung der Studenten organisiert. Das gab Gelegenheit, Kontakte zu knüpfen und außerdem noch etwas Geld zu verdienen.

Jeder soll auf seine Weise versuchen, das Beste aus diesem Jahr zu machen. Partner, die aktiv waren, haben die Zeit ebenso wie die Studenten als etwas ganz Besonderes erlebt. Nur für einige wenige war es das schlimmste Jahr ihres Lebens.

Nach dieser Moralpredigt bleiben mir noch zwanzig Minuten von meiner Mittagspause. Ich kaufe mir ein Sandwich, nicht gerade delikat, aber es füllt den Magen. Dann jage ich wieder los. Wer zu spät in den Vorlesungssaal kommt, wird von den *Orienteers* dazu verurteilt, entweder ein Lied zu singen, einen Witz zu erzählen oder mit dem Mund ein Stück Banane aus einer Waschschüssel voll Pudding zu holen. So etwas liegt mir nicht, ich renne lieber. Die Studenten sollen vom ersten Tag an zur Pünktlichkeit erzogen werden, um später Störungen in den Vorlesungen zu vermeiden. Ein respektvoller Umgang zwischen Professoren und Studenten ist tragendes Element des Studiums.

Am Nachmittag ist eine zweistündige Schatzsuche angesetzt, mit dem Ziel, das Gelände der Uni und seine Gebäude kennen zu lernen. Dabei müssen wir an verschiedenen Stationen Aufgaben erfüllen, die uns einen ersten Eindruck von Teamarbeit vermitteln sollen. Danach folgt der wohl wichtigste Teil des Tages: das eigentliche Einschreiben der Studenten an der *Business School* und die Bezahlung der Studiengebühr. Gleichzeitig erhalten wir unsere Laptop-Computer mit einer kurzen Einführung. Weitere Informationen werden am nächsten Tag in einer kurzfristig eingeschobenen Laptop-Vorlesung vermittelt. An verschiedenen Ständen können wir uns über mögliche Mitgliedschaften in Studentenorganisationen, Sportclubs, *Medical Centre* sowie die Teilnahme an Sportveranstaltungen informieren. Die Fülle der Informationen erschlägt mich. Ich bin froh, dass ich vieles bereits während des Vorbereitungskurses organisieren konnte. Der Zeitplan an diesem Tag ist so eng, dass mir am Abend der Kopf brummt. Die Pausen haben kaum zum Essen und Trinken gereicht.

Kurz vor 19:00 Uhr lade ich nur schnell zu Hause ab und gehe dann zum *Social Club*, einer Studentenkneipe am Campus. Die Studenten beschnuppern sich. Gegen 23:00 Uhr muss ich ins Bett.

Dienstag, 28. September 1999

„Sei erfolgreich und überlebe!", ist das Motto der ersten Lektion der *Orienteers*. Es soll zeigen, wie jeder den Anforderungen des Studiums gerecht werden und trotzdem relativ normal leben kann. Von vornherein müsse eingeplant werden, dass nicht alle Aufgaben erledigt werden können – Prioritäten setzen, das ist der Schlüssel. Der Schwerpunkt liegt auf Teamarbeit und gegenseitiger Unterstützung. 80 Seiten Lesetext können oft nur überflogen werden. Es muss genügend Zeit für aktive Erholung und Entspannung bleiben.

Der Inhalt jeder Vorlesung wird in drei Stufen bearbeitet. Zunächst muss sich jeder selbständig vorbereiten, die entsprechenden Kapitel in den angegebenen Büchern sowie die *Case Studies* lesen und sich dazu Gedanken und Aufzeichnungen machen. Danach wird das Thema in den Teams von sechs bis sieben Studenten diskutiert und gemeinsam eine Lösung erarbeitet. In der Vorlesung sollte dann jeder Einzelne in der Lage sein, dazu Stellung zu nehmen. Die Mitarbeit in den Vorlesungen steuert einen wesentlichen Teil zur Beurteilung bei. Es wird in *Term 1* und *2* eine vorgeschriebene Sitzordnung geben. Jeder Professor erhält einen Sitzplan, in den er sich entsprechende Notizen schreiben kann.

Vor der Mittagspause wird verlesen, wer für die nächsten drei Monate zu welchem Team gehört und welcher Professor als Mentor zuständig ist. Besonders im schwierigen ersten *Term* soll er moralische Unterstützung in Krisenfällen geben. Wie sich später herausstellt, wird es solche Fälle in fast jedem Team geben. Jede Gruppe trifft sich mit ihrem Mentor zu einem gemeinsamen Lunch. Zu meinem Team gehören ein Chinese, ein Südafrikaner, zwei Engländerinnen und ein Engländer, dessen Eltern von Polen eingewandert waren. Unsere Mentorin ist eine sympathische junge Frau, die an der Uni ihren PHD in *Finance* macht. Mein erster Eindruck ist gut.

Die Zusammensetzung der Teams ist von mehreren Gesichtspunkten geprägt. Bei der Auswahl wurden Ausbildung, Berufserfahrung, Nationalität und Sprachkenntnisse berücksichtigt. Es soll in jedem Team eine Frau mitarbeiten, was jedoch relativ schwer realisierbar ist, da in diesem Jahr nur 15 Prozent weibliche Studenten im Kurs sind. Warum wir gleich zwei haben, wird mir ewig ein Rätsel bleiben. Trotz zusätzlicher Anreize wie Stipendien und großzügige Aufnahmeregelungen wurde es in den letzten Jahren für *Business Schools* schwieriger, ausreichend weibliche Studenten aufzunehmen.

Nachmittags folgen Hinweise, wie innerhalb der Teams gearbeitet werden soll. Die sechs oder sieben Studenten werden einen *Term* lang, etwa zehn Wochen, täglich zusammenarbeiten. Jeder Einzelne muss seinen Beitrag leisten, die anderen respektieren, zuhören und wenn nötig helfen. Entscheidend ist der Erfolg der Gruppe. In der ersten Übung sollen wir sofort beweisen, was wir davon verstanden haben. Die Ergebnisse zeigen, dass wir gar nichts verstanden haben und es noch ein weiter Weg bis zur funktionierenden Teamarbeit ist.

Anschließend wird die Einführung zu *Personal and Communication Skills* gehalten. Dieses Fach soll die angehenden Manager lehren, wie man in allen Lebenslagen effektiv kommuniziert: Präsentationen, Reden, Pressearbeit, Kündigungen. Der Professor versteht es, alle Unarten und Fehler gut zu demonstrieren. Er bietet damit die meisterhafte Leistung eines Schauspielers und unterstreicht die vielfältigen Anforderungen, die an einen guten Redner gestellt werden: Angepasste Lautstärke, Stimmführung, Körperhaltung, Mimik und Gestik, Wortwahl und Intensität der Stimme. Das und einiges mehr zu trainieren, wird Ziel dieses Faches sein. Ich möchte jede Gelegenheit nutzen, Vorträge zu halten und hoffe, nach und nach mein Lampenfieber in den Griff zu bekommen.

Nach einer kurzen Pause stellen die *Orienteers* die Aufgaben der Studenten-Repräsentanten vor. Jeder *Stream* soll einen Sprecher (*Stream Rep*) wählen, einen Verantwortlichen für die Organisation von Partys (*Social Rep*), einen Organisator für Sportveranstaltungen

(*Sport Rep*) und einen internationalen Repräsentanten (*International Rep*), der sich um Belange ausländischer Studenten kümmert. Wer für eine dieser Aufgaben kandidieren will, muss am folgenden Tag vor dem *Stream* in einer dreiminütigen Wahlrede begründen, warum gerade er für diesen Job am besten geeignet ist. Danach erfolgt eine geheime Abstimmung mit Wahlkarten, die von den *Orienteers* ausgewertet werden. Jeder *Stream* stellt seine eigenen Repräsentanten für die vier Aufgaben. Die Auserwählten aller *Streams* sollen in Komitees für Partys, Sport und internationale Angelegenheiten ihre Themen gemeinsam angehen. Wichtigstes Sprachrohr der Studenten zur Schule sind die *Stream Reps*, die sich regelmäßig mit der Schulleitung zu allen erdenklichen Themen austauschen.

Am Ende des Tages erhalten wir sieben voll gepackte Ordner, für jedes Fach in *Term* 1 einen. Damit werden wir die nächsten drei Monate beschäftigt sein. Diese Menge zu tragen ist nicht einfach, später aber deren Inhalt in den Kopf zu bekommen, wird der schwierigere Teil.

Als Abendveranstaltung ist Bowling geplant, ein Bus bringt die interessierten Studenten und deren Partner zum Veranstaltungsort und holt sie später wieder ab. Ich mag Bowling, will aber erste Prioritäten setzen. Zu Beginn dieser Woche habe ich erfahren, dass für die *Terms* 3 und 4 Austauschprogramme mit Partneruniversitäten in den USA, Südafrika, Singapur, Brasilien, Frankreich, Spanien oder Australien angeboten werden. Letzteres interessiert mich besonders und ich möchte vor dem eigentlichen Studienbeginn die notwendigen Information haben, damit Zeit für die Entscheidung bleibt. Es gelingt mir im Internet etwas über die Universität in Sydney ausfindig zu machen. Ich werde mich mit dem Gedanken befassen, *Term* 4 dort zu verbringen. Es wäre ein völlig neuer Erfahrungswert, den ich aus diesem Jahr ziehen könnte und es ließen sich wertvolle Kontakte knüpfen für ein mögliches berufliches Engagement in „*Down Under*". Mit diesen neuen Informationen lässt es sich gut schlafen.

Mittwoch, den 29. September 1999

Die neu formierten Teams lösen ihre erste umfangreichere Aufgabe: Flugzeugabsturz in der Wüste. Ein altbewährtes *Teambuilding*-Thema. Jeder Student erhält eine Broschüre, in der die Story geschildert wird. Das Team ist mit dem Flugzeug in einer Wüste in den USA abgestürzt, Längen- und Breitengrade sind angegeben. Das Flugzeug ist ausgebrannt. Pilot und Kopilot kamen dabei ums Leben, die einzigen Überlebenden sind die Teammitglieder. Einen Notruf zu senden mit Angabe der Absturzstelle war nicht mehr möglich gewesen. Nur fünfzehn Gegenstände konnten aus dem Wrack geborgen werden. Zunächst soll jeder einzelne Student die Gegenstände nach ihrer Wichtigkeit reihen. Danach muss im Team eine gemeinsame Lösung im Konsens gefunden werden. In dieser ersten Diskussion sind alle sehr zurückhaltend. Überlegungen hat jeder, ein Experte ist keiner. Wir haben zwar einen Pfadfinder im Team, aber das hilft wenig. In der Auflösung wird ersichtlich, dass die Einzelergebnisse der fünf Studenten schlechter waren als das Ergebnis der Gruppe. Eine wertvolle und wegweisende Erkenntnis für zukünftige Aufgaben.

Nachmittags ist Sportfest. Wir spielen Fußball, Rugby und Softball. Hinzu kommen die noch nicht olympischen Disziplinen Gummistiefelwerfen (original: „Welli-hurling") und Tauziehen. Ausländische Studenten versuchen sich in einigen Sportarten zum ersten Mal und lernen die Regeln oft erst während des Spiels. Teamgeist und Spaß sind entscheidend.

Eine Stunde Vorbereitungen für den folgenden Tag, danach Siegerehrung und Party im *Social Club*.

Donnerstag, 30. September 1999

Es wird ernster. Einführung in die Inhalte der folgenden Woche. Danach ist die erste echte *Case Study* in den Teams zu bearbeiten.

Innerhalb von drei Stunden müssen wir ein Fünf-Minuten-Rollenspiel vorbereiten, in dem die Angelegenheit gelöst wird. Dem Team, das die langweiligste Vorführung bietet, droht eine Strafe. Keine Beurteilung, sondern der Spaß steht diesmal noch im Vordergrund.

Zwischendurch wird das Computer-System der Uni erläutert und wir wählen die Studenten-Repräsentanten. Sich kurzfristig von einem auf ein anderes Thema einzustellen, ist eine der Fähigkeiten, die jeder MBA-Student lernen soll, um sie später als Manager anwenden zu können.

Am späten Nachmittag werden die *Case Studies* präsentiert. Schauspielertalent ist nun gefragt. Was zum Vorschein kommt, lässt vermuten, dass auf diesem Gebiet das zukünftige Arbeitsfeld einiger Studenten liegen könnte. Jedes Vorabend-Fernsehprogramm ist langweiliger, obwohl das Thema zunächst ganz nüchtern klingt. Die Story in Kürze: Eine LKW-Fahrerin parkt auf einem Firmenparkplatz zum wiederholten Mal falsch. Ein Mitarbeiter will sie darauf aufmerksam machen. Da er aber etwas forsch auf sie zukommt, gibt sie ihm eine Ohrfeige. Sie erhält ihre Kündigung, was die anderen zwanzig Fahrer mit einem Streik beantworten.

Jeder soll sich vorstellen, er sei der Chef, der am dritten Tag des Streiks aus dem Urlaub kommt und diese Situation vorfindet. Wie würde er sich richtig verhalten? Das Team muss gemeinsam eine Lösung finden. In dem Rollenspiel sollen außerdem ein Gewerkschaftsvertreter und ein MBA-Absolvent als Assistent der Geschäftsleitung in Erscheinung treten. Jedes Teammitglied muss sich beteiligen.

Die Kreativität von 200 MBA-Studenten ist beeindruckend. Ein Team spielt die Story im Operationssaal eines Krankenhauses. Die Fahrerin war im siebenten Monat mit ihrem siebenten Kind schwanger. Sie hat vor Schreck eine Frühgeburt. Ein Reporter ist anwesend und spricht mit den einzelnen Personen. Die zweite Handlung spielt in einem Badezimmer. Der Chef sitzt auf der Toilette und wird per Handy über den Fall informiert. Aus der Badewanne neben ihm steigt die Fahrerin, mit der er ein Verhältnis hat. Ein anderes Team lässt den Chef von dem Dilemma am Flughafen erfahren. Der entscheidet sich, sofort wieder in den Urlaub zu fliegen. Die Akteure eines weiteren Teams werden in eine TV-Show eingeladen, wo sie unverhofft aufeinander treffen und sich rechtfertigen müssen. Der Moderator muss verhindern, dass sie sich zerfleischen. Frauen spielen Männerrollen und umgekehrt, verrückte Kostüme tragen zum Spaß bei.

Jede einzelne Darbietung war eine Strapaze für die Lachmuskulatur und bestraft wird schließlich kein Team. Das ist eine angemessene Einstimmung für den Abend.

Eine „Beachparty" verbreitet die Stimmung des letzten Studienjahres. Die *Orienteers* haben keine Mühe gescheut. Der Platz vor der Uni wurde mit Sand in einen Strand verwandelt. Auf einem elektronisch gesteuerten, schaukelnden Surfboard kann sich jeder Urlaubs-Feeling holen und zeigen, wie sein Surf-Handicap ist. Palmen und Affen aus Pappe sorgen für die richtige Kulisse und ein Büfett mit Früchten und Cocktails für Erfrischung. Wir tanzen bis in den Morgen, danach müssen wir den Gedanken an Urlaub erst einmal für längere Zeit begraben.

Freitag, 01. Oktober 1999

Am nächsten Morgen gibt es kein Pardon. Zwei Vorlesungen informieren über besondere Lehr- und Bewertungsmethoden beim Studium. In der ersten Lektion geht es um die Bearbeitung von *Case Studies*, die während des Studiums eine zentrale Rolle spielen werden. An Fallbeispielen sollen die Studenten Verhaltensweisen analysieren und lernen, in Topmanagement-Positionen richtige Entscheidungen zu treffen.

Die zweite erläutert eine ungewöhnliche Beurteilungsform: *Written Analysis of Case (WAC)*. Jeder *Stream* wird mehrmals an einem Freitag um 13:00 Uhr eine *Case Study* erhalten, die zunächst im Team zu analysieren ist. Danach haben die Studenten bis zum Folgetag 20:00 Uhr Zeit, in einem individuellen Bericht mit nicht mehr als 1.500 Wörtern und vier Seiten die Lösung zu präsentieren. Wesentlich kürzer sollte der Text jedoch auch nicht sein. Dies ist eine gute Kombination von Teamarbeit und individueller Leistung. Bewertet wird das Ergebnis jedes einzelnen Studenten.

Die darauf folgende Veranstaltung strapaziert unsere Nerven, es wird der Stress des Studiums simuliert. Der Vortragende verteilt den fünfzig Studenten im Raum eine *Case Study*, die sie lesen und anschließend in ihrer Gruppe diskutieren sollen. Gleichzeitig spielt er aber lauten Hardrock, so dass Konzentration und Verständigung unmöglich sind. Darüber hinaus erzeugt er enormen Zeitdruck und rennt unaufhörlich treppauf und treppab durch den Raum. Am Ende der Übung stellte er zwei Fragen: Was habt ihr gemacht und was habe ich gemacht? Ein wohl etwas genervter Student antwortet: „Sie sind herumgerannt wie ein Eichhörnchen!" Ein Spitzname ist geprägt: „Squirrel". Das Grinsen des Professors und die Art, wie er mit der Äußerung umgeht, beweisen, welch entspanntes Verhältnis zwischen Professoren und Studenten herrscht. Das ist die beste Voraussetzung für ein anspruchsvolles Studium.

Nachmittags ist Fototermin für das Familienfoto der *MBA-Class of 1999/2000*. Nach dem Essen haben wir ein paar Minuten zum Umziehen. Ich renne wieder einmal in die Wohnung und springe in meinen dunklen Anzug, den ich mir heute Morgen schon zurechtgelegt hatte. Zum Duschen reicht die Zeit nicht. Zurück am Fotoschauplatz im Freien vor der neuen Bibliothek treffe ich auf ein kleines Häufchen bestens gekleideter Studenten. Die anderen stehen offensichtlich noch unter der Dusche! Nach einer Weile sind wir fast vollzählig. Als der letzte Student nach einigen Minuten die Straße entlang auf uns zuläuft, wird er mit lauten Rufen angefeuert und mit einem tosenden Applaus empfangen. Wir 210 Studenten werden auf einem Jahrgangsfoto verewigt. Ob alle erwartungsvollen Kollegen das Jahr erfolgreich abschließen werden?

Samstag, 02. Oktober 1999

Empfang für die internationalen Studenten. Einige hundert Studenten von allen Schulen am Campus haben sich in einem großen Festsaal versammelt. Ansprache des Direktors der Universität, Vorstellung der Vertreter von Kirchen, Sozialeinrichtungen usw. Anschließend gibt es Gelegenheit, sich bei Kaffee und Kuchen kennen zu lernen.

Sonntag, 03. Oktober 1999

Wichtiger Termin heute: Golfclub. Eines meiner Ziele für dieses Jahr ist es, ein akzeptables Golf-Handicap zu erreichen. Ich bekomme erste Informationen über Anfängerkurse. Als Gruppe von vier Studenten können wir für je 40 Pfund ein Sechs-Stunden-Paket Trainerstunden nehmen, aufgeteilt auf sechs bis zwölf Wochen. Dazwischen sollen wir so viel wie möglich üben. Das ist fast geschenkt. Meine Frau und ich sind begeistert. Wir zahlen sofort und buchen die erste Stunde für den nächsten Samstag. Nun müssen wir nur noch zwei Kollegen finden, die mitmachen.

Abends treffen sich meine Teammitglieder mit ihren Partnern zum Dinner. Eine Studentin hat uns zu sich nach Hause eingeladen. Es gibt Roastbeef und Plumpudding. Es freut mich, dass ich dieses traditionelle britische Essen, von dem ich schon viel gehört hatte, versuchen darf! Der Mann meiner Gastgeberin hatte im letzten Jahr den MBA in Cranfield absolviert und vermittelt uns seine Erfahrungen. Wir „Jungstudenten" saugen alle Informationen und Ratschläge dankbar auf. Alle sind höflich und zuvorkommend und meine Frau weiß nun wenigstens, wer die Leute sind, mit denen ich in den folgenden Wochen sehr viel Zeit verbringen werde. Ein schöner Abend, an den ich gegen Ende des *Terms* noch oft denken werde.

[Montag, 04. Oktober 1999

Der Morgen konfrontiert mich hart mit der Realität. Der Herbst hat zugeschlagen: Raureif. Da kostet der Morgenlauf schon etwas Überwindung, ist aber ein Muss für mich. Das ist die erste Stunde des Tages, die ich frisch und unverbraucht in trauter Zweisamkeit mit meiner Frau verbringe und mit einem reichhaltigen Frühstück abschließe. Ein herrlicher Start in einen arbeitsreichen Tag.

Heute ist es endlich so weit! Der erste richtige Studientag liegt vor mir, mit allem, was in den nächsten Wochen zum bitteren Alltag werden wird. Vormittags drei Vorlesungen à 75 Minuten, nachmittags exzessive Teammeetings zur Vorbereitung der folgenden Vorlesungen und Arbeit an Projekten.

Die Agenda des Tages klingt viel versprechend: *Accounting, Marketing, Microeconomics*. Zur Feier des Tages gleich zwei Extra-Veranstaltungen: *Personal and Communication Skills* und *Personal Development Plans*. Die Professoren starten jeweils nach zehn Minuten Einführung gleich mit dem vollen Stoff. Zum Glück hatte ich von den heute behandelten Grundlagen in meinem Job schon viel gehört.

Arbeit – wann war das eigentlich? Alles liegt meilenweit zurück, nur das Jetzt und Hier hämmert auf mich ein. Und ich genieße es, denn endlich beginnt das, was ich seit mehr als zwölf Monaten mit einer Tortur an Auswahl, Vorprüfungen, Interviews, Besuchen und einer Flut von E-Mails angestrebt habe. *„I'm a bloody MBA student at a top business school!"*

Das erste Teammeeting wird kurz gehalten, obwohl jeder nur reden und nicht zuhören möchte. 19:30 Uhr komme ich benommen von dem anstrengenden Tag nach Hause und sitze noch für drei Stunden am Schreibtisch. Ich bereite die Vorlesungen des nächsten Tages vor und arbeite am ersten Teil meines *Personal Development Plans*. Es ist kein Lehrfach, aber ein wesentlicher Bestandteil des MBA-Programms. Die Studenten werden während des gesamten Jahres mit Workshops und persönlichem *Coaching* unterstützt, einen realistischen und geeigneten Karriereplan zu entwickeln. Die Wichtigkeit eines ganzheitlichen Ansatzes für private und berufliche Ziele, Partner, Karrieretreiber und Persönlichkeit wird verstärkt bewusst gemacht. Genauso werden die Kompromisse aufgezeigt, die jeder Einzelne für das Erreichen von bestimmten Zielen, privat oder beruflich, eingehen muss. Dazu eignet sich der einjährige Berufsausstieg vorzüglich, den man für das Vollzeitstudium machen muss. Auch der Zeitpunkt mit Anfang 30 passt für mich gut, um meine Ziele neu zu definieren. Karriereziele werden in Teams diskutiert, nochmals überdacht und in vielen Fällen verändert, höher gesteckt oder völlig umgekrempelt. Der *Personal Development Plan* ist ein Prozess, der das ganze Jahr über dauert. Bei einigen Studenten führt dies zum beruflichen Umstieg. Der Großteil legt sich erst in *Term* 4 nach mehreren Testinterviews und Projekten für das weitere Arbeitsleben fest.

[Dienstag, 05. Oktober 1999

Vormittags drei Vorlesungen bis 13:00 Uhr: *Quantitative Analysis, Organisational Behaviour* und *Strategy*. Nachmittags trifft sich mein Team ohne Zeitdruck. Wir sitzen in unserer *„pig pen"*. Kein Schweinestall, sondern ein kleiner Besprechungsraum, der einem Team von sechs bis sieben Leuten bequem Platz bietet und durch transportable Wände von den anderen Gruppen abgeteilt ist. Jede *pig pen* bietet Power- und Netzwerkanschlüsse für unsere Laptops und je Stockwerk kann ein Drucker angesprochen werden. Auf White Boards und Flip Charts können wir die Ergebnisse unserer Besprechungen festhalten.

Euphorisch gratulieren wir uns gegenseitig, dass wir für die Dauer des ersten *Terms* zusammenarbeiten werden. Wir können es kaum erwarten, mit der Teamarbeit zu beginnen und keiner ahnt, was dabei auf uns zukommen wird.

Zunächst stellt sich jeder noch einmal ausführlich vor. Wir sind ein bunter Haufen, alles durchschnittliche Studenten, keine *Highflyer*. Eine der Engländerinnen hat als Marketingmanager in der Lebensmittelbranche gearbeitet, die andere war im Rückversicherungsgeschäft tätig.

Der chinesische Student hat einen BWL-Background und kann auf Vertriebserfahrung im Chemiebereich verweisen. Der Südafrikaner studierte Politikwissenschaften und arbeitete zuvor im Produkt-Marketing sowie im Umweltschutz als Berater. Der Engländer war mit seinem Maschinenbauabschluss in der Luftfahrtindustrie als Projektleiter im Engineering tätig.

Langsam beginnen wir das bestehende Vakuum auszufüllen. Wir stellen einen Verhaltenskodex auf, schreiben ihn mit großen Lettern nieder und hängen ihn in unserer Besprechungsecke auf: zuhören, ausreden lassen, andere Meinungen akzeptieren, kurz fassen, Mehrwert einbringen. Dies alles zum Wohle des Teamerfolgs.

Damit die Zusammenarbeit so problemlos und zügig wie möglich erfolgen kann, soll sich jeder gewissenhaft auf die Teammeetings vorbereiten. Falls einmal jemand über einen anderen Studenten verärgert sein sollte, wollen wir offen damit umgehen und möglichst ohne Emotionen darüber sprechen. Führt das nicht sofort zu einer zufriedenstellenden Lösung, wollen wir das Thema vertagen. Wenn sich jeder noch einmal Gedanken dazu gemacht hat, sieht meist alles schon ganz anders aus. So weit unsere Absichten.

In den folgenden Tagen treffen wir uns in den Pausen, zum *Lunch*, laden gegenseitig zum *Dinner* ein und sprechen über Arbeitserfahrungen, Karriereziele und was jeden Einzelnen veranlasst hat, in diesem Stadium seiner Berufslaufbahn den MBA einzuschieben. Wir wollen alle lernen, mehr von uns selbst verstehen, unsere Persönlichkeit entwickeln und wachsen für neue, interessante Aufgaben. Was als Motivation wirklich dahinter steckt, ist, auf einen Nenner gebracht, bei den meisten wohl Macht und Geld. Für die kommenden Monate planen wir unzählige Feedback-Runden nach gehaltenen Präsentationen, Teammeetings und zur Erörterung unserer persönlichen Verhaltensweisen.

Ich habe ein gutes Gefühl. Es sind meine fünf Freunde, die mich durch einen erfolgreichen ersten *Term* begleiten werden.

[Mittwoch, 06. Oktober 1999

Durch Zufall bin ich als erster unseres *Streams* beauftragt worden, für alle 210 Studenten des Jahrgangs die *Microeconomics*-Vorlesung für Montag vorzubereiten. Das bedeutet, die ca. vierzig Seiten aus dem Lehrbuch in eine dreiseitige Kurzfassung, eine so genannte *Stream Note* zu quetschen. Sie soll die individuelle Lesezeit der Studenten verkürzen. Zusätzlich zu meiner eigenen Vorbereitung für Donnerstag kommen also noch einmal vierzig Seiten oben drauf. Das wird ein langer Abend. Aber jeder muss diese Aufgabe einmal übernehmen und später wird der Zeitdruck durch Projekte, Präsentationen und Beurteilungen noch weiter steigen. Von diesen *Stream Notes* macht nur etwa die Hälfte der Studenten Gebrauch, der Rest verlässt sich lieber auf seine eigene Arbeit. Ich feile viel zu lange an dem Papier. Hier ein Satz hinein, dort ein Wort heraus. Schließlich werden das alle meine Kollegen zu lesen bekommen. Irgendwann bin ich mit dem Ergebnis zufrieden und widme mich der restlichen Vorbereitung. Erst weit nach Mitternacht komme ich ins Bett.

[Donnerstag, 07. Oktober 1999

Ein schlechter Start in den Tag. Meine erste englische Erkältung. Ich hatte fast damit gerechnet. In der letzten Woche war bereits die erste Hälfte der Studenten krank gewesen, nun ist die zweite dran. Zu viele Menschen auf engstem Raum, da bleibt das nicht aus. Ich schleppe mich durch die Vorlesungen, pumpe mich mit Medikamenten voll und falle nach dem Teammeeting sofort ins Bett.

[Freitag, 08. Oktober 1999

Nach einer sehr verschnupften Nacht bin ich froh, in der Früh etwas länger schlafen zu können. Freitags haben wir keine Vorlesungen, da wird alles erledigt, was unter der Woche liegen bleibt. Ab der nächsten Woche werden an diesem Tag Wiederholungskurse angeboten.

Erst um 11:00 Uhr trifft sich mein Team zur Vorbereitung der nächsten Lektionen. Wir sind in der Sturm- und Drang-Phase und müssen unsere Positionen im Team erst finden. Dabei versucht jeder Einzelne, entsprechend seiner Erfahrungen und Wertvorstellungen das Team zu formen. Natürlich hat jeder Recht. Es ist ein amüsantes Schauspiel, wie einige Studenten mit gespielter Höflichkeit sich über Sekundärthemen die Köpfe heiß reden und dabei nahezu unmerklich erste Fronten aufbauen. Für mich ist das eine gute Gelegenheit, um die Taschenspielertricks der englischen Sprache zu erlernen, mit denen dem Gesprächspartner in freundlichster Weise zu verstehen gegeben wird, dass er im Unrecht ist. Mein plumpes Vokabular *„Bullshit!"* oder *„Totally wrong!"*, wird bald durch solche schönen Redewendungen ersetzt wie: *„What an interesting view"* oder *„I hear what you say"* oder *„I appreciate your argument."*

17:00 Uhr Tea Party im *Community Centre*. Diese Einrichtung steht den Studenten aller Schulen am Campus offen. Seine Räumlichkeiten können bei Bedarf für Aktivitäten und Partys unentgeltlich genutzt werden. Die beiden freundlichen Damen, die für das *Community Centre* arbeiten, organisieren Veranstaltungen und Ausflüge, Sprachkurse, Musikunterricht und unterstützen Familien in allen erdenklichen Belangen. Man kann bei diesen Gelegenheiten auch einmal Studenten anderer Schulen treffen – wenn Zeit dazu bleiben sollte.

Etwa 40 Studenten sind heute anwesend. Ein Treffen der internationalen Studentenvertreter der *School of Management* ist der eigentliche Grund, warum ich da bin. Es findet in einem Nebenraum statt. Wir möchten Ideen sammeln für Veranstaltungen, herausfinden, welche Studenten Hilfe benötigen, Aufgaben definieren und verteilen. Die unterschiedliche Art der englischen Aussprache verdeutlicht, wie groß die Schwierigkeiten einiger Studenten sein müssen, die Fülle der Informationen beim MBA-Studium zu lesen, zu verstehen und ihre eigenen Gedanken auszudrücken. Doch hier hört sich nun jeder gern selbst reden, möchte wichtig sein und in den Vordergrund treten. Unser eigentliches Ziel, schnell zu Ergebnissen zu kommen, gerät in weite Ferne. Letztlich wird ein Fragebogen entworfen, in den jeder internationale Student seine Wünsche und Ideen eintragen kann.

Anschließend lese ich noch *Strategy*- und *Microeconomics* Texte bis gegen 22:00 Uhr.

Samstag, 09. Oktober 1999

Unsere erste Golfstunde ist für 14:00 Uhr geplant. Ich arbeite bis zur letzten Minute, nehme mir keine Zeit zum Essen und bin abgespannt. Die Erkältung trübt mein Wohlbefinden, meine üblicherweise gute Laune scheint durch die Nase entkommen zu sein. Doch von der ersten Minute an dominiert die Begeisterung unseres sympathischen und gesprächigen Golftrainers. So oft er uns demonstrieren kann, wie man die Bälle über 200 Yards schlägt, leuchten seine Augen. Es ist unverkennbar, dass er Spaß daran hat und das steckt an. Mit Stolz lässt er einige Bälle am Horizont verschwinden, andere beginnen ihre Bahn zunächst ganz gerade, drehen später aber in die von ihm vorbestimmte Richtung ab. Ja, bis wir so weit sind, werden einige Jahre vergehen. Erst einmal konzentrieren wir uns darauf, den *Club* richtig zu halten und die ersten Bälle zu treffen. Wie kleine Kinder freuen wir uns, wenn ein Ball etwas weiter und einigermaßen gerade fliegt. Viele kommen gar nicht vom Abschlag oder hoppeln nur wenige Meter über den Rasen. Wir haben noch zwei Gleichgesinnte unter den MBA-Studenten gefunden und sind nun eine Gruppe von vier Golfanfängern. Die weiteren Trainingstermine sind rasch für die nächsten Wochenenden vereinbart. Zum Glück ist die *Driving Range* überdacht und lässt ein Spielen auch im britischen Winterwetter zu.

Abends laden wir zwei argentinische Paare ein. Wir sprechen über Argentinien und Deutschland, über Chili con Carne, unsere ersten Eindrücke von Cranfield und natürlich über Erwartungen und Ziele für das Studium und unsere Kariere. Es ist ein ungezwungener und großartiger Abend.

Sonntag, 10. Oktober 1999

Kampf gegen meine Erkältung. Ich schleppe mich vom Bett an den Schreibtisch und bald wieder zurück ins Bett. Erst einmal auskurieren! Einen Tag in der Woche muss man frei machen können.

Montag, 11. Oktober 1999

Ich habe gewonnen. Es geht mir heute schon viel besser. In den frühen Morgenstunden sehen wir endlich wieder einmal die Sonne. Aber das hat für den Rest des Tages leider nichts zu bedeuten. Gegen zehn Uhr kommt Wind auf, bringt Wolken und kurze Zeit später gießt es in Strömen. Nachmittags schiebt sich dann manchmal wieder die Sonne heraus und wechselt sich mit dicken Wolken und Regen ab.

Die Laubfärbung vollzieht sich nun sehr schnell. Binnen Tagen werden ganze Bäume in einheitlich leuchtendes Rot, Orange oder Gelb verzaubert, wie ich es bisher selten erlebt habe. Nach einer Woche ist der ganze Spuk vorbei und die Bäume stehen kahl in der Landschaft herum.

Am Nachmittag wieder Teammeeting. Es wird ewig diskutiert und scheinbar keine Lösung angestrebt. Einige Studenten haben ihren Teil nicht vorbereitet und die Auswahl des Themas für unser Marketingprojekt muss verschoben werden. Während der langwierigen, erfolglosen Diskussion beginne ich auf meinem Laptop meine E-Mails zu bearbeiten und dringe später auf eine Entscheidung. Wir können schließlich die Arbeit nicht immer vor uns her schieben.

Unser Chinese geht um 18:00 Uhr, er braucht die verbleibende Zeit des Abends, um die 70 Seiten zu lesen, die bis morgen vorbereitet werden müssen. Ich rufe ihn später noch einmal an und bekomme zu hören, dass auch er sehr unzufrieden ist mit den langen, ergebnislosen Debatten. Am kommenden Tag wollen wir das ansprechen. Das Team muss effizienter arbeiten.

Lesen bis Mitternacht.

[Dienstag, 12. Oktober 1999

Beim Laufen gehen mir noch einmal die Themen des Vortages durch den Kopf. Wir sind ein sehr heterogenes Team mit ausgesprochen unterschiedlichen Persönlichkeiten. Jeder blickt auf völlig andere Erfahrungen zurück und es fällt uns schwer, eine einheitliche Vorgehensweise zu finden, um unsere gemeinsamen Ziele zu erreichen. Die eine Hälfte des Teams möchte die Aufgaben im Studium schnell und effizient lösen und damit ihre Managementfähigkeiten trainieren. Die andere Hälfte versucht für jedes Thema alle Details in langen Grundsatzdiskussionen zu erörtern. Sie sind von der Angst getrieben, Fehlentscheidungen zu treffen, wenn sie die Lerninhalte nicht tiefgründig genug erfasst haben. Es fällt mir manchmal schwer, dafür Verständnis zu zeigen und geduldig meinen Standpunkt zum wiederholten Mal zu erläutern. Diplomatie zählt nicht zu meinen Stärken. Da werde ich wohl noch etwas an mir arbeiten müssen.

Im heutigen Teammeeting spreche ich unsere unbefriedigende Situation an und ernte breite Zustimmung. Wir einigen uns darauf, dass wir bei Einhaltung unseres vor zwölf Tagen aufgestellten Verhaltenskodexes unsere Arbeitsweise verbessern können. Ich unterstreiche dabei nochmals den Punkt: Kurz fassen! Der erste Versuch, das zu berücksichtigen, ist erfolgreich.

Ich beende das Lesen um 22:00 Uhr, auch wenn ich keineswegs fertig bin. Ausreichend Schlaf ist im Moment wichtiger.

Mittwoch, 13. Oktober 1999

Schlag 6:30 Uhr raus, Morgenlauf. Da gibt es kein Pardon. Diesmal widme ich die halbe Stunde wieder meiner Frau. Es ist die einzige Zeit des Tages, die nur uns allein gehört, meistens jedenfalls. Für den Rest des Tages hat das Studium wieder Vorrang. Es ist mir bewusst, dass wir diesen Gedankenaustausch brauchen. Sie hat es ohnehin nicht leicht in diesem Jahr. Alles dreht sich nur um mich und mein Studium.

Die Teamarbeit verläuft erneut erfreulich, ich hoffe, es liegt nicht nur an den Plätzchen, die ich heute beigesteuert habe. Jedenfalls bin ich unerwartet bereits um 17:00 Uhr zu Hause. Ich nehme mir noch einmal eine halbe Stunde Zeit zu einem Spaziergang mit meiner Frau in herrlicher Herbstsonne. Es tut uns beiden gut. Wir besichtigen ein Reihenhaus am Campus, das uns zur Miete angeboten wurde. Der Zahn der Zeit und das britische Wetter haben mächtig daran genagt. Wir haben keine Lust mehr umzuziehen und bleiben in unserer kleinen Studentenbude, in der wir uns mittlerweile schon gemütlich eingerichtet haben.

Donnerstag, 14. Oktober 1999

Ein hektischer Tag. Zu den drei Vorlesungen hatten wir heute noch eine zusätzliche Veranstaltung am Nachmittag. Dies komprimiert unser Teammeeting und wir vertagen wieder wichtige Entscheidungen für anstehende Projekte. Anschließend muss ich für *Organisational Behaviour* einen der unzähligen Fragebögen auszufüllen. Nach einer Reihe psychologischer Selbsttests wie *Learning Style* und *Myers-Briggs-Type-Indicator (MBTI)* erfolgt nun die Team-Type-Ermittlung nach *Belbin*. Wir haben in den Vorlesungen und im Team viel über Sinn und Unsinn dieser Psychotests diskutiert und viele zweifelten an der Verwendbarkeit der Ergebnisse. Trotz dieser kritischen Ansichten gaben uns die Tests bisher gute Gelegenheiten, sowohl die eigene Persönlichkeit besser kennen zu lernen als auch den *Teambuilding*-Prozess zu fördern. Durch die Kenntnis einfacher psychologischer Hintergründe verstanden wir gewisse Verhaltensweisen einzelner Studenten in den kritischen Phasen unserer Zusammenarbeit. Besonders interessant dabei ist, dass wir die gelernten Theorien sofort in unseren Teammeetings praktisch anwenden und die Reaktionen erfahren können.

Am Abend treffe ich mein Team und unsere Mentorin zum Dinner. Wir essen gut und teuer bei harmonischen Gesprächen in einem nahe gelegenen Pub. Die Kosten trägt die *Business School*. Für Freitag müssen wir keine Vorlesungen vorbereiten, deshalb fahre ich erst nach 01:00 Uhr zurück.

[Freitag, 15. Oktober 1999

Noch immer habe ich keine aktuellen Informationen über das Austauschprogramm mit der Universität in Sydney erhalten. Es existiert eine Broschüre über das Programm des letzten Jahres, doch die ist gerade verliehen. Die neue Broschüre soll demnächst erscheinen. Was heißt demnächst? Vorsichtshalber lasse ich mich auf Platz drei der Warteliste für die alte Broschüre aufnehmen.

Mittags ist Fototermin für das Jahrbuch, in dem jeder Student mit Lebenslauf vorgestellt wird. Dreitausend Firmen in der ganzen Welt werden diese Informationen erhalten. Damit soll die Jobsuche im zweiten Halbjahr unterstützt werden. Nachmittags Teammeeting und Arbeit im Computerstudio.

Meine Frau nimmt am ersten Partnertreffen teil, bei dem alle wichtigen Familienthemen zur Sprache kommen: Einkaufsmöglichkeiten, Veranstaltungen, Clubs, Sportmöglichkeiten, gemeinsame Unternehmungen. Ein ganz wesentlicher Punkt war die gegenseitige Unterstützung bei der Betreuung der Kinder. Cranfield ist eben eine familienfreundliche Studieneinrichtung.

Samstag, 16. Oktober 1999

Recherche im Internet für unser Marketing-Projekt. Bis Anfang November müssen wir eine *Marketing Success Story* erarbeiten. Produkt und Branche können wir frei wählen, sie dürfen sich aber nicht mit Themen anderer Teams überlappen. Der Erfolg ist mit den aktuellen Marketing-Theorien zu analysieren. In einem *Report* mit 3.000 Wörtern und einer 20 Minuten langen Präsentation müssen wir die Ergebnisse professionell vorstellen.

Da wir im Team eine erfahrene Marketing-Managerin aus der Lebensmittelbranche haben, einigten wir uns letzte Woche nach mehrmaligem Vertagen und langen Diskussionen endlich auf das Naheliegende: Wir präsentieren KitKat im englischen Schokoladen- und Süßwarenmarkt. Damit haben wir eine gute Kombination aus langer Produktlebenszeit, großem Marktanteil und hohen Wachstumsraten durch laufende Produkterweiterungen. Ein wirklich beeindruckender Marketingerfolg. Unsere Kollegin eröffnet uns Zugang zu exklusiven Produktinformationen beim Hersteller. Meine Recherche über die verschiedenen Segmente im Schokomarkt und deren Vergleich mit anderen Ländern interessieren mich und machen Spaß. So sehr, dass ich beinahe meine Golfstunde vergesse. Zum Glück sind wir vier im Golfteam, so dass wir uns gegenseitig an das Training erinnern können.

Nach der willkommenen Abwechslung geht es nochmals für einige Stunden zurück in die Schokowelt.

Sonntag, 17. Oktober 1999

Morgenlauf wegen Regens auf 15:00 Uhr verschoben, dafür doppelte Distanz gelaufen. Danach muss ich lesen, ob ich will oder nicht – trotz guter Vorsätze wird es 23:00 Uhr.

Montag, 18. Oktober 1999

Die Woche beginnt sonnig und mild. Die Herbstfärbung der Bäume hatte nun auch die Spätzünder erreicht, die Buchenallee ist bereits kahl. Die ganze Pracht liegt wie ein ausgerollter roter Teppich unter ihnen, nur hat keiner Zeit für einen „ehrenvollen" Spaziergang.

In dieser Woche ist vormittags Teammeeting, nachmittags bis 17:30 Uhr Vorlesungen. Trotzdem bin ich erst gegen 20:00 Uhr zu Hause. Nach dem Abendessen kommt die „dritte Schicht" bis Mitternacht.

Dienstag, 19. Oktober 1999

Bin ich froh, dass sich meine Frau zu Hause um alles kümmert! Wie schaffen das nur die Studenten, die allein hier sind? Und dabei fällt es mir verhältnismäßig leicht, die Anforderungen der einzelnen Fächer zu erfüllen. Studenten mit nur wenigen Jahren Berufserfahrung werden sicher wesentlich mehr Zeit für die Vorbereitung der wöchentlich zwei Lektionen je Fach benötigen, da ihnen viele Inhalte in der Praxis noch nie untergekommen sind. Ich verfalle regelmäßig in Hochstimmung, wenn ich Themen, mit denen ich in der Vergangenheit zu kämpfen hatte, nun in voller Breite theoretisch abhandeln darf.

In jeder Vorlesung müssen einzelne Studenten die Ergebnisse der Teamvorbereitung erläutern und dann die Fragen des Professors und des Auditoriums beantworten. Anschließend wird über das Thema ausführlich diskutiert. Bisher wurden für Präsentationen nur englische Studenten ausgewählt, vermutlich um Rücksicht auf mögliche Sprachprobleme der ausländischen Kollegen zu nehmen. Aber das wird sich gewiss bald ändern.

Mittwoch, 20. Oktober 1999

Mit der *Marketing Success Story* naht die erste große Präsentation. Am Morgen findet für alle Interessenten ein PowerPoint-Kurs statt. Ich bin froh, dass ich keine Auffrischung benötige und den Wecker etwas später stellen kann. Ein gemütliches Frühstück ist das Geburtstagsgeschenk für meine Frau. Das Aussuchen eines Golf-Sets verschieben wir auf später. Erst heißt es ohnehin fleißig üben und dafür eignen sich die Leihschläger am besten. So können wir verschiedene Modelle kostenlos probieren, bis wir wissen, was sich am besten für uns eignet. Doch von Freizeitvergnügen können wir heute noch nicht einmal träumen. Wie üblich fehlt die Zeit. Für mich ist es leider ein ganz normaler Arbeitstag, an dem ich so viel zu tun habe wie immer. Meine Frau kocht am Abend ein leckeres Essen und mit den Worten: „So etwas Besonderes ist ein Geburtstag auch wieder nicht", widmet sie sich schließlich ihrem eigenen Studium. Wie gut, dass meine Frau so viel Verständnis für meine Situation hat.

Donnerstag, 21. Oktober 1999

Heute ist ein besonderer Tag! Zweieinhalb Stunden Vorlesung vom Strategiepapst der Universität Gerry Johnson. *Strategic Management* ist eines der Schlüsselthemen, das einen guten Manager später ausmachen wird. Dementsprechend hoch wird die Priorität dafür während des gesamten MBA-Programms angesetzt. Globalisierung, Kooperationen und Akquisitionen sind Schwerpunkte, die im Laufe des Jahres auf das in *Term* 1 vermittelte Basiswissen aufbauen werden. *Strategy* und *Finance* sind meine persönlichen Favoriten. Wir behandeln heute eine integrative *Case Study* von knapp zehn Seiten. Eine europäische Brauereikette, die vornehmlich in Nischensegmenten erfolgreich ist, strebt eine aggressive Expansion in anderen Marktsegmenten und in den Wachstumsmärkten Asiens und Osteuropas an. Wir sollen die aktuelle Strategie der Firma analysieren, die zum bisherigen Erfolg geführt hat und die Herausforderungen evaluieren, die mit der neuen Expansionsstrategie verbunden sind.

Die Aufgabenstellung erfordert die Anwendung der bisher behandelten Theorien und Tools. Alle Studenten sind gut vorbereitet; niemand möchte negativ auffallen. Doch die erste Präsentation verläuft enttäuschend und wird vom Professor völlig zerrissen. So viel direktes und unverblümtes Feedback hatten wir in den vergangenen Wochen noch nicht erhalten. Darauf habe ich gewartet. Obwohl ich vom Lampenfieber fast aufgefressen werde, melde ich mich freiwillig für die nächste Präsentation. Die zugrunde liegende Logik liegt mir. In den vergangenen Tagen hatte ich mit meinem Team die *Case Study* intensiv vorbereitet und die Folien sogar auf PowerPoint erstellt. Üblicherweise verwenden wir nur handgeschriebene Folien, um Zeit zu sparen. Ich spüre meine Anspannung während der zehn Minuten Performance und erwarte jeden Moment den vernichtenden Rundumschlag vom Professor. Der bleibt jedoch aus. Unsere Mühe hat sich gelohnt, für beides, Inhalt und Form der Präsentation. Unsere Schlussfolgerungen waren „spot-on". Es fehlte aber an Substanz bei der Analyse. Zu viel hatten wir aus unseren Berufserfahrungen interpretiert und aus dem Bauch heraus entschieden. Wir müssen lernen, Abstand von vorgefertigten Mustern und Verhaltensweisen zu nehmen und unsere Entscheidungen stärker auf Grund analytischer Ergebnisse und logischer Schritte treffen. Dafür sind wir hier und wir haben noch elf Monate Zeit, dies zu verinnerlichen.

Mit diesem Ergebnis können wir in der vom Wettbewerb angeheizten Studienatmosphäre gut leben. Keiner möchte sich blamieren. Zufrieden und motiviert widme ich mich abends meinen Vorbereitungen für den nächsten Tag.

[Freitag, 22. Oktober 1999

Auf Wunsch der Studenten wird eine zusätzlich Vorlesung angeboten, die Hinweise zur Bearbeitung von *Case Studies* im Team geben soll. Eine Hälfte unseres Teams fühlt sich bestätigt. Der Trick besteht darin, nur begrenzte Zeit für die Diskussion von Details zu verwenden und beherzt zu entscheiden. Wir erfahren auch, dass eine umfassende und tief greifende Analyse der geschilderten Situation während der individuellen Vorbereitung eine wichtige Basis bildet. Im Gruppengespräch sollen jedoch nur die wichtigsten Gedanken geäußert werden, um dann so schnell wie möglich zu einer Lösung zu kommen. Konsens und Perfektion sind nicht gefragt. Ob das unsere anderen Teammitglieder auch so verstanden haben, wird sich nächste Woche zeigen.

Der Rest des Tages bleibt für eigene Vorbereitungen und Projektarbeit.

Samstag, 23. Oktober 1999

Wir wachen zeitig auf. Unsere innere Uhr steht auf Unruhe. Nach dem Frühstück gleich zum Golftraining. Ich mache Fortschritte. Mein bester Ball fliegt heute fast 150 Yards weit, dreht aber kurz nach dem Abschlag ab und landet im Aus. Die Weite spornt mich an, nun muss ich noch lernen, geradeaus zu spielen. Die *Driving Range* ist ein hervorragender Katalysator für meinen Stressabbau und meine Frau hat ebenfalls riesigen Spaß. Abends helfe ich beim Kochen für unsere Gäste. Ein malaiischer Kollege, der lange Jahre bei einem unserer Konkurrenten im Projektgeschäft gearbeitet hat und ein Italo-Brite aus dem Bankgeschäft haben viel zu erzählen. Die Pause brauche ich und die Gespräche tun mir gut.

Sonntag, 24. Oktober 1999

Nach so viel Freizeit ist ein voller Arbeitstag angesagt. Wolkenbrüche machen es mir leicht.

Zum Kaffee sind wir bei einem Paar aus England eingeladen. Der Student arbeitete jahrelang für eine Hilfsorganisation bei Kriseneinsätzen in der ganzen Welt. Seine Frau begleitete ihn dabei. Beide erzählen lebhaft von ihren haarsträubenden Erlebnissen und ich weiß oft nicht, wem ich zuerst zuhören soll. Ich bin froh, dass ich im Ausland nur ganz normal gearbeitet hatte, ohne Krisen und ohne menschliche Tragödien. Nach zwei Stunden bin ich völlig von den Abenteuergeschichten der beiden eingenommen und kann mich nur schwer wieder auf meine Arbeit einstellen.

Bis 21:00 Uhr beschäftige ich mich noch im Computerstudio mit unserer *Marketing Success Story*. Ich suche nach fehlenden Detail-informationen zum Schokomarkt.

[Montag, 25. Oktober 1999

Nach ausgiebigen Regengüssen hat sich das Wetter etwas beruhigt und wir können nach mehreren Tagen endlich wieder einmal morgens laufen.

Mit gemischten Gefühlen gehe ich später zur Vorlesung in *Organisational Behaviour*. Ich bin auf die *Case Study* nicht gut vorbereitet. Zu viele andere Themen haben mich beschäftigt. Tatsächlich werde ich aufgefordert, mich zu einer Frage zu äußern. Zum Glück ist es ein Thema, zu dem mir überhaupt etwas einfällt. Ich trage meine persönliche Ansicht vor, die sich vornehmlich aus praktischen Erfahrungen ableitet. Allerdings zeugt meine Stellungnahme nicht von Verständnis des Lerninhalts und der zugrunde gelegten Theorie. Der psychologische Text klang für mich etwas diffus, so dass vieles für mich unklar blieb. Auch nach der Teamarbeit und der Vorlesung hat sich daran leider nicht viel geändert.

Anders als ich ist die junge Dozentin sehr verbunden mit der Theorie. Ihr scheinen jedoch einige praktische Anwendungsbeispiele zu fehlen. In ihren Vorlesungen übernimmt sie meist kommentarlos jede Äußerung aus dem Auditorium, nickt nur und zieht daraus keine Schlüsse. Sie verwendet als Grundlage der *Case*-Diskussionen mehr Informationen als den Studenten über den Fall bekannt sind. Dadurch ändert sich die Voraussetzung und die Überlegungen der Studenten werden wertlos. Sie mag eine Expertin auf ihrem Gebiet sein, es gelingt ihr aber nicht, dieses Wissen zu vermitteln. Als ich mich diesbezüglich an den *Stream Rep* wende, hatte bereits die Hälfte der Studenten mit ihm darüber gesprochen. Das Thema wird für eine kurzfristige Änderung bei der Schulleitung angesprochen.

Um 18:30 Uhr komme ich total genervt nach Hause. Die Liste meiner dringenden Aufgaben ist so lang, dass mir unwillkürlich durch den Kopf schießt, was ein Student heute zu mir gesagt hat: „Jetzt wollen sie uns fertig machen!" Tatsächlich wird der Druck von der Schule immer mehr erhöht. Die Menge des Lesestoffs und der Aufgaben, die vorbereitet werden sollen, ist fast nicht mehr zu bewältigen. Nun wird sich zeigen, wer Prioritäten setzen und im Team effizient arbeiten kann.

Morgen muss der Lebenslauf für das Jahrbuch abgegeben werden. Er ist heute Abend das Wichtigste und lässt mir bis zur letzten Minute keine Ruhe. Schließlich ist er mein Aushängeschild und wird einer breiten Leserschaft zugänglich sein. Dazwischen telefoniere ich lange, um mich über verschiedene Themen mit anderen Studenten auszutauschen und die Last der Aufgaben innerhalb meines Teams zu verteilen. Jemand muss sich um die Organisation kümmern, damit alle von den Ergebnissen jedes Einzelnen profitieren können.

Um Mitternacht breche ich meine Arbeit ab, es ist höchste Zeit, schlafen zu gehen.

Dienstag, 26. Oktober 1999

Ich komme nicht einmal in den Pausen zur Besinnung, unentwegt ist heute etwas anderes zu klären oder zu erledigen. Es ärgert mich, dass wir für jede Tasse Tee anstehen müssen. Obwohl mehrere Frauen in der Teeküche herumstehen, sind immer nur zwei damit beschäftigt, den 100 Studenten von zwei *Streams* in den Pausen Tee oder Kaffee einzuschenken. Zu einer *Business School*, für die Professionalität ein Aushängeschild ist, passt das nicht. Morgen, wenn ich etwas mehr Zeit habe, werde ich mit dem *Administration Manager* darüber sprechen.

Mittwoch, 27. Oktober 1999

Ich bin müde, aber gut gelaunt. Der Tag war anstrengend und erfolgreich. Mein Lebenslauf ist abgegeben, die Aufgaben sind im Team gut verteilt, die Teamarbeit lief heute wie geschmiert. Meine Reklamation wegen des Teeausschanks bin ich auch los geworden. Es ist ein großartiges Gefühl, MBA-Student zu sein!

Donnerstag, 28. Oktober 1999

Seit Tagen habe ich mich auf die Stunde an diesem Abend gefreut: Golf. Ein englischer Student aus meinem Team begleitet uns. Dabei kann ich gleich sehen, wie man richtig schlägt. Wir reden allerdings mehr als zu trainieren. Anschließend kochen wir zu Hause ein typisch deutsches Essen und sitzen dann noch fast bis 22:00 Uhr zusammen. Es ist eine gute Gelegenheit, sich einmal über die Besonderheiten der britischen Kultur zu unterhalten. Er möchte nach dem Studium heiraten und erzählt uns, was dabei gesellschaftlich zu beachten ist. Ein schwieriges Unterfangen, wie mir scheint. Wir genießen einen ungezwungenen und angenehmen Abend. Morgen ist kein Teammeeting geplant. Das Abstellen des Weckers wird zum feierlichen Akt.

Freitag, 29. Oktober 1999

Entsprechend gut fühle ich mich, als ich gegen 9:00 Uhr aus dem Bett steige. Die nicht zu bewältigende Last der Arbeit und die ersten bevorstehenden Prüfungen ließen mich allerdings etwas unruhig schlafen.

Da es wieder einmal regnet, frühstücke ich ausnahmsweise

ohne morgendlichen Lauf und stürze mich danach sofort in die Arbeit. Später bin ich mit einer Studentin verabredet, mit der ich in den Teammeetings immer wieder heftige Auseinandersetzungen hatte. Mich nervt, dass sie sich in den Diskussionen zu jedem Beitrag negativ äußert. Ihre Stellungnahmen sind endlos lang und treffen selten das Thema. Ihr Wunsch, als Älteste des Teams mit 38 Jahren eine Art Mutterrolle zu übernehmen, mag gut gemeint sein, ist aber völlig unpassend. Hinzu kommt, dass sie den anderen Teammitgliedern nicht vertraut und meint, alles besser zu wissen. Tatsächlich blockiert sie damit jede Entscheidung und zieht die Besprechungen unnütz in die Länge.

Ich bevorzuge schnelle Entscheidungen und möchte die Teammeetings merklich verkürzen. Schließlich müssen wir keine Überzeugungsarbeit leisten und nicht für jede Aufgabe einen Konsens herbeiführen. Themen ansprechen und klären ist mein Arbeitsstil, während sie im Gegensatz dazu jede noch so unwahrscheinliche Variante im Detail durchdiskutieren möchte.

Wir sind beide daran interessiert, Wege für eine effizientere Zusammenarbeit zu finden. Damit wir uns gegenseitig besser verstehen können, sprechen wir anfänglich über unsere Erfahrungen und die Arbeit vor dem MBA-Studium, über Freizeit, Familie und Karriereziele. Für das eigentliche Problem finden wir keine Lösung. Aber unser Gespräch ist ein Schritt zur Verständigung. Wir wollen in Zukunft offener sein und versuchen, Unstimmigkeiten möglichst sofort aus der Welt zu schaffen.

Um 17:00 Uhr melde ich mich und meine Frau im Fitnesscenter auf dem Campus an. Stoßzeit. Viele schwitzende Körper in einem kleinen Raum, dafür ist die Mitgliedschaft wenigstens günstig. Wir lassen uns die brandneuen Geräte erklären und starten einen ersten Versuch. Danach geht das Arbeiten gleich viel besser. Ich schaffe noch so viel, dass ich beruhigt ins Wochenende gehen kann. Trotzdem schlafe ich schlecht. Die Belastung des Studiums hat meine Traumwelt erreicht.

Samstag, 30. Oktober 1999

Ich nehme mir Zeit für die Erledigung der Post, die mir nachgeschickt wird. Danach gehe ich für einige Stunden in die *Business School*, um mit meinem Team die Vorlesungen für die nächste Woche vorzubereiten. Wir dehnen die Zeiten für die Meetings immer weiter aus, um die steigenden Anforderungen für die Bearbeitung von *Case Studies* und Projekten bewältigen zu können. Dabei bleibt es nicht aus, dass wir uns immer häufiger an Wochenenden treffen müssen. Montag bis Freitag verbringen wir täglich fünf bis sechs Stunden miteinander. Es gibt keine Hierarchie, nur Komitee-Entscheidungen. Überzeugen, erklären, wieder überzeugen und wichtig: Allianzen bilden. Am besten schon vor dem eigentlichen Teammeeting. Nachmittags habe ich meine Golfstunde und danach lese ich noch ein paar Seiten.

Sonntag, 31. Oktober 1999

Strahlender Sonnenschein entspricht unserer Stimmung. Nach einigen Stunden Arbeit unternehme ich mit meiner Frau einen ausgedehnten Waldspaziergang und spreche sogar einmal über etwas anderes als den MBA. Wir streunen durch das Dickicht, bis es schon fast dunkel ist, und lassen den schönen Tag mit einem guten Essen in einem der urigen Pubs der Umgebung ausklingen.

Nachrichten auf dem Anrufbeantworter beweisen, dass wir bei weitem nicht die Einzigen waren, die sich heute eine Pause gegönnt haben. Jeder Student ahnt wohl, dass die kommenden sechs Wochen die wahrscheinlich härtesten des gesamten Jahres werden. Bis Weihnachten stehen in jeder Woche zwei Bewertungstermine an. Zusätzlich sind an zwei Wochenenden *WAC* zu schreiben. Das normale Arbeitspensum mit täglich durchschnittlich hundert Seiten zu lesen bleibt uns als Grundlast erhalten. Der heutige Tag kommt mir vor wie die Ruhe vor dem Sturm. Ich sehe den nächsten Wochen mit gemischten Gefühlen entgegen.

Montag, 01. November 1999

Endlose Debatten im Teammeeting, trotz bevorstehender Prüfung in Statistik. Ich beginne meine eigenen Aufgaben zu erledigen, da ich nicht auch noch zur Verlängerung beitragen will. Das Team sieht das anders und glaubt, dass ich mich nicht einbringen möchte. Aber es kann nun mal nur einer reden. Zum Glück streikt der chinesische Student zuerst, er braucht seine Zeit am Abend zum Lesen. Er verschwindet um 18:00 Uhr. Ich folge ihm kurz danach, dann geht auch der Rest.

Meine Frau hat eine Partnerin zum Englischlernen gefunden. Sie erteilt ihr eine Stunde Deutsch pro Woche und erhält im Gegenzug dafür eine Stunde Englisch. Tauschhandel im Mekka des Kapitalismus.

Dienstag, 02. November 1999

Der Tag verläuft mit den gewohnten Anforderungen. Zusätzlich steht von 19:00 Uhr bis 20:00 Uhr die erste Prüfung im MBA-Studium an: Statistik. Sie ist abgesehen von *GMAT* und *TOEFL* gleichzeitig auch meine erste Prüfung nach über zehn Jahren. Das erzeugt besondere Aufregung.

Die Themen drehen sich um Normalverteilung, Wahrscheinlichkeitsrechnungen sowie Auswertungen von Stichproben angewandt in Mini-*Case Studies*. Für viele ist die trockene Materie ein Horror. Zur Beruhigung laufe ich kurz davor noch eine kleine Runde über den Campus. Spätestens jetzt ist jedem klar, dass es ernst wird.

Gereiht nach unseren Examensnummern, die alphabetisch vergeben wurden, sitzen wir ziemlich eng in zwei großen Vorlesungssälen zu je 100 Leuten. Um mich sind nur Studenten, die ich eher flüchtig kenne, denn seit den ersten Partys während der Orientierungswoche blieb nicht sehr viel Zeit für Aktivitäten mit Leuten anderer *Streams*. So sprechen wir nur ein paar Worte und wünschen uns Glück, bevor die Prüfungsunterlagen verteilt werden. Es sind sieben Textfragen, die mit den gelernten Rechenansätzen zu lösen sind. Ich habe ein seltsames Gefühl, gemischt aus Aufregung und Begeisterung und arbeite mich langsam von Frage 1 Richtung Ende durch. Einige Aufgaben werden im Verlauf recht anspruchsvoll. Die Zeit vergeht wie im Flug und im Nu ist es 20:00 Uhr. Ein scharfes *„Stop writing now!"* erlöst uns schließlich von der Anspannung. Nachdem die Antwortblätter eingesammelt wurden, kann man sein eigenes Wort im Raum nicht mehr verstehen. Alle reden aufgeregt durcheinander, vergleichen ihre Ergebnisse mit den Sitznachbarn und diskutieren Lösungswege. Die erste Prüfung muss natürlich gebührend gefeiert werden. Bis ich eintreffe, ist das Pub von Kollegen bereits gut besucht und die Diskussionen gehen beim Bier unvermindert weiter. Als ich gegen 22:00 Uhr nach Hause komme, habe ich keine Lust mehr zum Lesen.

Mittwoch, 03. November 1999

Das heutige Teammeeting ist sehr lebhaft. Der Druck senkt die Hemmschwelle. Für einige Studenten werden die nächsten Wochen zum Überlebenskampf. Speziell die Leute, die mit Zahlen auf Kriegs-fuß stehen, müssen in Statistik und *Accounting* viel Energie aufbringen. Davon haben wir zwei in unserem Team. Die gestrige Statistik-prüfung hat ihnen gehörig Angst eingejagt. Sie erwarten Ergebnisse von unter fünfzig Prozent, also ein glattes *„no pass"*. Wir versuchen, die beiden zu beruhigen und die Wogen zu glätten. Entscheidungen werden auf morgen vertagt.

Donnerstag, 04. November 1999

Wir starten eine Hilfsaktion für unsere Statistikopfer, die immer noch von Panikattacken gequält werden. Wie soll es weitergehen, wenn schon die erste Hürde nicht gemeistert werden konnte? Am Jahresende müssen sie ein sicherlich schwierigeres Statistikexamen bestehen. Ob sie es bis dahin überhaupt schaffen?

Zur Beruhigung pauken wir gemeinsam Aufgaben, erklären Zusammenhänge und Kalkulationsschritte. Eigentlich ist alles ganz logisch. Nach zwei Stunden beschließen wir, erst einmal die Prüfungsergebnisse abzuwarten. Wir widmen uns der Vorbereitung für Montag sowie den vertagten organisatorischen Entscheidungen.

Freitag, 05. November 1999

Heute wieder kein Wecker am Morgen und vor allem kein Teammeeting. Die sechs Stunden von gestern liegen mir immer noch im Magen. Es wird höchste Zeit, dass ich mit meinem *Team-Report* für *Organisational Behaviour* beginne, einer individuellen Reflexion der Teamarbeit des letzten Monats. Abgabe ist am Donnerstag nächster Woche. Ich halte es für ausgesprochen wichtig und interessant, sich mit den fördernden und hemmenden Strömungen innerhalb einer Gruppe detailliert auseinander zu setzen. Mein gesamtes Berufsleben hatte ich in Teams gearbeitet, aber bisher fehlte mir das nötige theoretische Grundwissen, um eine umfassende Teamanalyse durchführen zu können.

Samstag, 06. November 1999

Ich arbeite den ganzen Tag am *Team-Report* und stochere in den seitenlangen Aufzeichnungen, die ich mir in den letzten Wochen über Personen und Prozesse meines Teams gemacht hatte. Die Analyse unserer Teamarbeit gibt mir gute Aufschlüsse über Spannungsherde und das keineswegs effektive Verhalten einzelner Studenten. Auch meine Schwächen werden dabei gnadenlos aufgedeckt. Diese Kenntnis gibt mir die Voraussetzung, um zukünftig in unserer risikofreien Umgebung andere Verhaltensweisen auszuprobieren und die Reaktionen direkt zu erfahren. Dafür bietet das MBA-Studium ein optimales Testumfeld.

Abends Golftraining. Zwei Stunden lang nicht an Teamarbeit denken zu müssen, ist eine Wohltat.

Sonntag, 07. November 1999

Zusammen mit anderen Studenten mache ich einen Ausflug nach London. In Rekordzeit haben wir das Standardprogramm abgewickelt: Tower Bridge, Buckingham Palace, Westminster Abbey, Houses of Parliament mit Big Ben und Trafalgar Square. Danach zieht es uns für den Rest des Tages nur noch ins wärmende Pub. Wir sprechen über Gott und die Welt, persönliche Ansichten, Erfahrungen, Wertvorstellungen. Nach mehreren Stunden haben wir uns die Köpfe heiß geredet und ich muss feststellen, dass eigentlich jeder nur reden und sich darstellen wollte. Keiner hört zu, geht auf den anderen ein oder macht sich Gedanken zu dem Gesagten. Das reflektiert sehr deutlich die Situation in den Teams und scheint repräsentativ für den Typus MBA-Student zu sein: rechthaberische, karrieregeile Individualisten, die alle „guter Teamplayer" in ihre Lebensläufe schreiben. Und ich bin einer von ihnen.

Montag, 08. November 1999

Ich sehne mich zurück ins gemütliche Pub von gestern. Die Arbeit erschlägt uns. Der Umfang der vorzubereitenden Aufgaben erfordert ab November nochmals klare Prioritäten zu setzen. Was wichtig ist, wird gemacht, der Rest fällt aus. Wer das nicht tut, weil er glaubt, anders den Anforderungen nicht entsprechen zu können, muss auf viele Stunden Schlaf verzichten. Die steigende Zahl der Studenten, die mit dunklen Augenringen, leicht reizbar, durch die Uni schleichen, nimmt dramatisch zu. Ein Zeichen dafür, dass viele mit ihren Prioritäten noch sehr zu kämpfen haben.

Dienstag, 09. November 1999

Die Ergebnisse der Statistikprüfung sind da. Ich habe 16 von 20 Punkten erhalten und bin mit meinen 80 Prozent zufrieden. Jedoch nicht alle Studenten haben diese erste Hürde genommen und das ist ein ernstzunehmender Warnschuss für jeden. Von unseren beiden „Statistik-Opfern" hatte einer gerade noch die 50 Prozent geschafft, der andere liegt weit darunter. Das drückt die Stimmung beim Teammeeting. Wir geben uns Mühe, besonders freundlich zu sein und bieten nochmals Unterstützung an. Aber das nützt jetzt auch nicht mehr viel.

Mittwoch, 10. November 1999

Einige Fächer werden anspruchsvoller und bieten nun eine steile Lernkurve. *Strategic Management* wird bereichert durch eine steigende Anzahl von integrativen *„Monster Case Studies"* mit zwanzig Seiten und mehr, in denen wir die bisher gelernten analytischen Tools umfassend anwenden können. *Accounting* gewinnt erheblich an Attraktivität durch die Diskussion von Bilanzierungs- und Budgetierungstheorien. Das ist genau das, was ich in meinen zukünftigen Jobs brauche. Ich bin sehr motiviert.

Donnerstag, 11. November 1999

Heute ist der *Team-Report* für *Organisational Behaviour* fällig. Das Team, die Zusammenarbeit und jedes einzelne Mitglied sind ausgiebig analysiert worden. Zum Glück hatte ich wie gefordert nach vielen Teammeetings ein Protokoll erstellt, in dem die Gruppendynamik mit den erlernten theoretischen Tools festgehalten wurde. Diese Unterlagen sind die wichtigste Grundlage für meine Analyse und Schlussfolgerungen. Wer die nicht hat, sieht alt aus. Ein Student erscheint den ganzen Tag nicht, um diesen *Report* bis zum Abend fertig stellen zu können.

Bei der Aufgabe geht es nicht nur darum zu ermitteln, wer den bisherigen Inhalt des Faches verstanden hatte. Der praktische Nutzen besteht in der Verbesserung der Teamarbeit, die immer wichtiger wird, um den weitersteigenden Anforderungen beim Studium gerecht werden zu können. In der Vergangenheit gab es in meinem Team regelmäßig längere Auseinandersetzungen, in denen unsere Arbeitsprozesse und das Verhalten Einzelner kritisiert wurden. Doch die Situation hat sich danach meist nur kurzfristig geändert. Erst jetzt, nachdem sich alle intensiv mit diesem Thema befasst haben, werden in Ruhe persönliche Gespräche zwischen einzelnen Teammitgliedern geführt. Sie verschaffen Klarheit darüber, dass eigentlich alle dasselbe wollen und gewisse Reaktionen nur falsch gedeutet werden. Wir rufen eine außerordentliche Feedbackrunde ein und sehen mit diesen neuen Erkenntnissen der Zukunft optimistisch entgegen.

Freitag, 12. November 1999

WAC-Wochenende: Für *Microeconomics* müssen wir eine *Case Study* in einem *Report* mit 1.500 Wörtern analysieren und Empfehlungen für die Lösung des Problems geben. Zwei der vier *Streams* sind heute dran, die anderen beiden am nächsten Freitag. In zwei Wochen folgt dasselbe noch einmal für *Accounting*. Diese Prüfungsform bringt nicht nur zusätzliche Belastung und nervliche Anspannung im stressigen MBA-Alltag, es fehlt auch die ohnehin knappe Zeit zur Erholung am Wochenende. Die *Case Study* wird am Freitag um 13:00 Uhr verteilt und muss bis Samstag 20:00 Uhr abgegeben werden. Für die Erledigung der üblichen Aufgaben steht damit nur der Sonntag zur Verfügung. Eigens für die Betroffenen organisierte *WAC*-Partys („Ich habe das *WAC* überlebt") lassen das Ganze zum masochistischen Spektakel werden. Die *WAC*-geplagten Studenten brauchen danach erst einmal eine warme Mahlzeit, ein Bier und die Gelegenheit, ausgiebig mit jemandem zu reden.

Gelassen gehe ich an die Sache heran. Ich hatte unzählige Jobs unter Zeitdruck und am Wochenende erledigen müssen, was sollte jetzt so besonders sein? Sicher, die Arbeit geht zu fünfzig Prozent in die Note dieses Faches ein. Aber das ist kein Grund zur Aufregung.

Die Anspannung stellt sich erst am späten Vormittag ein, als zur Vorbereitung eine *Microeconomics*-Vorlesung extra gehalten wird. Mittags gehe ich kurz zum Essen nach Hause, habe aber keinen Appetit. Wir sind alle aufgeregt und fiebern dem entgegen, was uns erwartet: unser erstes *WAC!* Um 13:00 Uhr erhalten wir die *Case Study*. Auf neun Seiten wird die geschäftliche Situation eines Herstellers in der Automobilindustrie beschrieben: Weltwirtschaft, Industrieumfeld, Kundenverhalten, Lieferantensituation, Bilanzkennzahlen und wirtschaftliche Prognosen. Auf Basis dieser Informationen müssen wir als unabhängige Berater unsere Einschätzung abgeben, wie sich der Hersteller in seiner Situation verhalten soll. Dabei sind Empfehlungen zu erarbeiten, die vor allem die folgenden Punkte betreffen: Wettbewerbssituation, also Nachfrage und geplanter Output, Kostensituation unter Berücksichtigung der vorhandenen Fertigungsstandorte, Vor- und Nachteile für Partnerschaften mit anderen Herstellern.

So optimistisch wir waren, so erschreckend schlecht läuft die Zusammenarbeit im Team. In der Hektik vergisst jeder seine guten Manieren, will nur reden und weiß alles besser. *„Back to square one"* ist wohl das Motto für unsere so ausführlich analysierten Arbeitsprozesse. Wir haben nichts gelernt aus über sechs Wochen Zusammenarbeit und quälen uns bis 20:30 Uhr, um überhaupt zu einem Ergebnis zu kommen.

Meine Frau hat ein leckeres Abendessen vorbereitet für die beiden Junggesellen meines Teams und mich. Wir sind erschöpft und hungrig, aber so aufgekratzt, dass wir ununterbrochen über die *Case Study* diskutieren.

Ich bin danach wie gerädert, mein Kopf brummt und ich brauche erst einmal frische Luft. Ich laufe eine halbe Stunde durch die kühle Abendluft und ärgere mich, dass ich so viel Zeit mit dem Essen vergeudet habe. An diesem Abend jemand einzuladen, war gut gemeint, aber ein Fehler. Bis 24:00 Uhr erstelle ich ein erstes Konzept für meinen *Report* und falle dann in ein regelrechtes *WAC*-Koma.

Samstag, 13. November 1999

Ich streiche meinen Morgenlauf und beginne schon vor 8:00 Uhr zu schreiben. Gegen 14:00 Uhr muss ich meine Augen vom Bildschirm nehmen und begebe mich nach draußen zu einem kleinen Spaziergang. Den Text beende ich erst kurz vor 17:00 Uhr! Erfreulich ist, dass es zufällig genau 1.500 Wörter sind. Damit kann ich mir sparen, den Text in der Länge verändern zu müssen. Für zu lange *Reports* gibt es Punktabzug. Nun soll noch ein englischsprachiger Student aus einem anderen *Stream*, der erst nächste Woche *WAC-Weekend* hat, mein Werk auf sprachliche Fehler durchsuchen. Wir nennen diese Helfer *WAC-Buddies*. Im Computerstudio korrigiere ich meine Englischfehler und platziere noch ein paar passende Grafiken von fragwürdiger Qualität in das Dokument. Erst unmittelbar vor 20:00 Uhr gebe ich ab und bin erleichtert.

Ich gehe nach Hause und entspanne mich in einem heißen Bad. Um 21:00 Uhr beginnt die *WAC*-Party mit Essen, Bier und Musik. Hauptthema des Abends ist die *Case Study* und welches wohl die beste Lösung der beschriebenen Aufgabenstellung war. Natürlich wird allerlei MBA-Latein zur *WAC*-Arbeit ausgetauscht. Zwei Studenten hatten mit Computerabstürzen kurz vor Abgabetermin zu kämpfen. Viele klagten über verschiedene andere Schwierigkeiten, doch letztlich konnte jeder sein Problem lösen und noch vor 20:00 Uhr abgeben. Nun lachen wir darüber und irgendwann finden wir uns alle auf der kleinen Tanzfläche wieder. Welch eine Befreiung nach den beiden anstrengenden Tagen!

Sonntag, 14. November 1999

Der Abend war lang und ich stehe spät auf. Das Laufen hat mir gestern gefehlt, umso mehr genieße ich heute die kalte Luft in meinen Lungen und den motorischen Bewegungsablauf. Ich denke an nichts, sondern laufe einfach vor mich hin. Ein deftiges Frühstück nach der Dusche gibt mir die Energie, die ich brauche. Mit einem Schlag wird mir bewusst, was heute alles auf mich zukommt: für Montag Vorbereitung der Marketing- und Strategievorlesungen, für Dienstag Übungen zur *Accounting*-Prüfung und für Donnerstag Arbeit an der *Marketing Success Story*. Diese Woche ist der *Report* abzugeben, die Präsentation wird eine Woche später gehalten. Womit hab ich das verdient! Für das Strategieprojekt, das am 9. Dezember abzugeben ist, haben wir im Team noch nicht einmal über ein passendes Thema gesprochen. Aber alles zu seiner Zeit!

Montag, 15. November 1999

Cranfield ist zum Mittelpunkt der Welt geworden und außer dem MBA gibt es nichts mehr, was wichtig ist. Die Anforderungen sind nun so hoch, dass sie 150 Prozent Leistung von den Studenten fordern. Alles im Alltag dreht sich um das Studium. Wer zusammen mit einem Partner auf dem Campus wohnt, so wie ich, und sich nicht einmal um Einkauf, Essen oder Wäsche waschen kümmern muss, vergisst die Umwelt fast gänzlich. Ich bin 24 Stunden am Tag angespannt, muss ständig neue Situationen und hohe Anforderungen bewältigen, meinen Standpunkt im Team vertreten und mein Verhalten so kontrollieren, dass niemand diesen persönlichen Druck spürt. Komme ich dann nach Hause, fällt ein großer Teil dieser Anspannung von mir ab. Das setzt Aggressionen frei, ich reagiere regelmäßig zu heftig. Es ist mir klar, dass das meiner Frau gegenüber nicht fair ist, aber ich kann es auch nicht immer vermeiden. Zeitmangel und Effizienz bestimmen mein Denken und Handeln. Oft ist es nur eine Äußerung von meiner Frau zu einem der Studienthemen, um die sich regelmäßig unsere Gespräche drehten. Ich erwarte, dass sie gute Vorschläge macht, doch natürlich kennt sie sich in den Managementthemen nicht aus und das vergesse ich manchmal.

In den vergangenen Wochen hatte ich nur wenig Gelegenheit, ausgiebig mit ihr zu sprechen. Sonst war meist am Abend und an den Wochenenden etwas Zeit dazu geblieben. Hier in Cranfield kommt für sie hinzu, dass niemand Deutsch spricht und unter den Partnerinnen, mit denen sie Kontakt hat, hat sie bisher keine gefunden, mit der sie sich über persönliche Angelegenheiten unterhalten konnte. Englische Partnerinnen arbeiten fast alle und kommen oft nur am Wochenende nach Cranfield. Viele internationale Partnerinnen sprechen kaum Englisch oder bevorzugen es, ihre Freizeit mit Landsleuten zu verbringen. Erst seit sie sich zum Deutsch- und Englischlernen mit einer „Leidensgenossin" trifft, hat sie die Möglichkeit, gelegentlich mit jemand über das zu reden, was sie beschäftigt. Sie geht häufig ins Fitnessstudio, stürzt sich in ihr Englischstudium, liest ein englischsprachiges Buch nach dem anderen und bemüht sich, mir alles so angenehm wie möglich zu machen. Ich muss in Zukunft mehr Rücksicht nehmen.

Dienstag, 16. November 1999

Wieder eine „Nachtprüfung", von 19:00 Uhr bis 20:00 Uhr *Accounting*. Nach den teilweise ernüchternden Ergebnissen der Statistikprüfung herrscht große Aufregung unter den mathematisch weniger begabten Kollegen. Ich bin gut vorbereitet und nicht mehr so nervös wie bei der ersten Prüfung vor gut einer Woche. Außerdem mag ich Finanzthemen. Wie vor zwei Wochen sitze ich mit 100 Leuten im Vorlesungssaal 29. Die Prüfung bringt keine großen Überraschungen. Erläuterung der Buchhaltungsgrundsätze im Zusammenhang mit Fallbeispielen, eine Reihe von interessanten Buchhaltungsaufgaben und die Berechnung von Finanzkennzahlen aus einer vorgegebenen Bilanz. Eine Kombination aus insgesamt 30 Text- und Rechenaufgaben, die teils im Multiple-Choice-Verfahren und teils frei zu beantworten sind. Trotzdem arbeite ich bis zur letzten Minute. Am Ende habe ich das gute Gefühl, dass ich bestanden haben müsste. Danach kein Pub-Besuch, sondern nochmals Arbeit an der *Marketing Success Story* und Lesen bis 01:30 Uhr.

[Mittwoch, 17. November 1999

Nachts gibt es den ersten Frost, tagsüber wechseln sich Sonne und heftige Regenfälle ab. Die Naturgewalten spiegeln den Gemütszustand der Studenten wider.

Erneut ist ein ausgiebiges Gespräch zur Zusammenarbeit in unserem Team notwendig. Es führt zu Verständigung, ist aber nur eine von endlos vielen Aussprachen. Ganz ausräumen können wir das Konfliktpotential auf Grund von Persönlichkeitsunterschieden ohnehin nicht, aber Reden ist der einzige Weg, eine effektive Zusammenarbeit zu sichern.

Deutlich zeichnen sich nun Unterschiede zwischen den Studenten im Team ab. Obwohl wir uns bisher persönlich sehr gut verstanden haben, hilft es nicht, die Schwierigkeiten bei der gemeinsamen Erledigung der Aufgaben zu überwinden.

Ein Student ist völlig überfordert. Er schiebt alles von sich weg und belastet das Team mit zusätzlicher Arbeit, da er seinen Verpflichtungen nicht nachkommt. Wir fragen uns, wie er es eigentlich über die Hürden des Auswahlverfahrens schaffen konnte.

Ein anderer stimmt allem und jedem zu und leistet dadurch keine große Hilfe bei Entscheidungen. Auch die Studentin nicht, die beinahe aufdringlich versucht, jeden zu bemuttern und die Teamzeiten bis spät in die Nacht ausdehnen möchte, um „alle durch das Studium zu bringen". Das sagt sie immer wieder, doch es hat sich herausgestellt, dass sie die Anforderungen selbst nur schwer bewältigen kann. Sie versteht nicht, dass keiner ihre Befürchtungen und Ängste teilt. Mit ihrem Verhalten hat sie in der Vergangenheit Entscheidungen häufig verzögert und das Team in ernsthafte Schwierigkeiten gebracht.

Der chinesische Kollege hält sich dezent im Hintergrund. Er ist verärgert über das „Geschnatter" und den Redeschwall der Studenten, für die Englisch die Muttersprache ist und denen er nicht so schnell folgen kann. Ein solch direkter Schlagabtausch ist in der chinesischen Kultur rasch mit Gesichtsverlust verbunden und deshalb unüblich. Deshalb leistet er nur einen bescheidenen Beitrag. Äußert er sich schließlich doch einmal, geht niemand darauf ein. Das muss deprimieren!

Eine der beiden englischen Studentinnen hat eine gute Mischung aus Initiative und Einfühlungsvermögen, um im Management zu bestehen; Potential für eine steile Karriere.

Ich selbst bemerke, dass unser Team seine Entscheidungen zu langsam und folglich zu spät trifft. Das macht mich ungeduldig und aggressiv. Schnelligkeit ist eine Tugend, die ich im Industrie-Projektgeschäft gelernt habe. Ich dringe auf Verständigung und versuche immer wieder herauszustreichen, was wichtig und was dringend ist: *„Do the important before the urgent!"* – die Dinge müssen nach ihrer Priorität zügig angegangen werden.

[**Donnerstag, 18. November 1999**

Die Abgabe der *Marketing Success Story* ist fällig. Die Bewertung des *Reports* trägt 20 Prozent zur Note jedes einzelnen Studenten bei. Auf Anregung unseres unschlüssigen Teammitglieds war die Auswahl des Themas immer wieder verschoben worden. So kamen wir am Ende in echte Zeitnot und mussten in den vergangenen Tagen bis spät in die Nacht daran arbeiten. Gestellte Aufgaben müssen aber sofort entschieden und ihre Erledigung angegangen werden, es gibt täglich neue. Mittlerweile haben wir uns alle mit KitKat identifiziert und futtern unentwegt die Schokowaffeln. Sogar die *WAC-Buddies* hatte ich letztes Wochenende mit KitKat versorgt. Das bringt *Publicity* für unser Thema.

Das Team arbeitet bis zur letzten Minute an den 2.500 Wörtern und kann nur schwer Einigung über unwichtige Feinheiten erzielen. Unsere stets besorgte Studentin erscheint etwas später zur Fertigstellung des Projekts und verweist darauf, dass der *Report* mit sechs Wörtern über dem Limit liegt. Das ist zu viel. Sie wird von zwei Kollegen fast zerfleischt. Die Ärmste tut mir dabei richtig Leid. Aber kaum ist der Rauch verflogen, sitzen wir mit der Kerze in der Hand auf dem nächsten Pulverfass.

Freitag, 19. November 1999

Nach Abgabe des *Marketing Success Story Reports* steht in einer Woche die Präsentation an. Obwohl ich bei dem Bericht bereits mehr mitgewirkt habe, als vereinbart war, übernehme ich zusätzlich noch die Arbeit für ein Kurzvideo. Hätte ich geahnt, welch großer Aufwand für Drehbuch, Filmen, Schneiden und Vertonen auf mich zukommt, hätte ich dem Team die Idee mit dem Video ausgeredet.

In einer kurzweiligen und humorvollen Story soll der Marketingmix für KitKat dargestellt werden: *Product, Place, Price, Promotion.* Studenteninterviews dürfen dabei nicht fehlen. Für das Video sind maximal fünf Minuten vorgesehen, die gesamte Präsentation soll 20 Minuten nicht überschreiten. Gemeinsam mit einem Teammitglied fahre ich nach Bedford, um erste Aufnahmen zu machen. Doch draußen regnet es und im „Tesco"-Supermarkt wird uns das Filmen verboten. Die Kollegin, die mir die Videokamera lieh, hatte den Akku nicht geladen und mein Begleiter ist mürrisch und müde. Das ist ein schlechter Start für unser Filmprojekt. Ein Misserfolg auf der ganzen Linie, schade um die Zeit. Morgen werde ich allein und mit geladenem Akku die Sache neu angehen.

Abends kleine Geburtstagsfeier bei unseren argentinischen Freunden, das ist trotz engem Terminplan ein Muss und tut allen gut.

Samstag, 20. November 1999

Bestens gelaunt von der gestrigen Party und der kühlen Morgenluft beim Joggen starte ich meinen Drehtag. Da wir bei „Tesco" nicht offiziell filmen dürfen, müssen wir die Unternehmung eben verdeckt starten. Ich platziere die Kamera in meine Laptop-Tasche, schalte sie bereits im Auto ein und kann so im Supermarkt aus der Öffnung des Reißverschlusses filmen. Die Aufnahmen werden großartig, der Zuschauer erkennt genau, dass es ein Undercover-Video ist. Mit einer qualitativen Marktuntersuchung wollen wir beweisen, dass Kit-Kat in allen Bevölkerungsschichten gegessen wird. Den restlichen Tag filme ich an verschiedenen Drehorten. Unter anderem wähle ich Wohngegenden wohlhabender Leute und im Gegensatz dazu einige Einstellungen auf dem Campus, die als Beispiel für ein Armenviertel stehen. Natürlich wird sie später jeder erkennen. Außerdem besuche ich andere Studenten für die Innenaufnahmen und Interviews. Ich hatte nicht erwartet, dass dieses kurze Video so viel Arbeit macht!

Abends eine indisch-schweizerische Party. Sie ist der Beweis dafür, dass man mit über 35 Studenten auf 20 Quadratmetern bequem feiern kann. Da wir uns andauernd auf die Füße treten, komme ich mit vielen Leuten aus anderen *Streams* zum ersten Mal ins Gespräch. Eine hervorragend unkomplizierte Art des Kennenlernens. Wir trinken guten Wein und lachen viel. Gegen 23:00 Uhr gehen alle nach Hause. Schlaf ist kostbar und durch die dünnen Wände unseres Wohnblocks hört man jedes Geräusch. Bei einer derartigen Feier wackeln in den umliegenden Wohnungen die Kaffeetassen. Ich bin froh, dass ich die Videoaufnahmen im Kasten habe und schlafe wie tot.

Sonntag, 21. November 1999

Endlich wieder einmal Zeit für Golf! Wir schlagen eine Unmenge Bälle in die kalte Herbstluft und mit jedem einzelnen verfliegt ein wenig Anspannung. Ich möchte diesen Ausgleich nicht mehr missen. Den restlichen Tag verbringe ich am Schreibtisch und arbeite schnell und effektiv. Es ist großartig, ein MBA-Student zu sein. Mit diesen Gedanken gehe ich früh schlafen.

Montag, 22. November 1999

Der Manager des Filmstudios, der mir beim Schneiden und Vertonen des Videos helfen wollte, sagt unsere Verabredung in letzter Minute ab. Er habe versehentlich den Schlüssel des Nachbarn mitgenommen, bei dem seine Frau die Katzen füttern muss. Was soll ich dazu sagen? Können die Katzen für unseren Erfolg nicht zwei Stunden lang hungern?

Dienstag, 23. November 1999

Auch die heutige Verabredung im Filmstudio platzt. Der Studiomanager verspricht mir hoch und heilig, dass morgen nichts dazwischen kommt. Ich bleibe diplomatisch, obwohl ich es hasse, versetzt zu werden. Und nun schon zum zweiten Mal! Immerhin schaffe ich es, mit einem Mitarbeiter des TV-Studios die Vertonungsmusik zu mixen und als Musikdatei im PC zu speichern. Dafür opfere ich zwei Vorlesungen und einen großen Teil des Teammeetings am Nachmittag.

Der Urlaub vom Team kommt mir gelegen. Erst in der letzten Stunde des Meetings stoße ich zum Team, beteilige mich aber nicht, sondern verfolge als Zuhörer die Argumentationen und Attacken. Ich kann nicht verstehen, warum selbst in dieser stressigen Zeit so viel Opposition herrscht. Gelassen lehne ich mich zurück und bin in meinen Gedanken beim Schneiden des Videos. Die heutigen Fortschritte beim Mixen haben mich sehr motiviert.

Mittwoch, 24. November 1999

Heute muss das Video fertig gestellt werden, denn morgen früh ist die Präsentation. Doch diesmal informiert mich der Studioleiter, dass sein Vater unerwartet ins Krankenhaus eingeliefert wurde. Es hilft alles nichts, ich werde mein Glück allein versuchen. Um 18:00 Uhr, kurz nach meiner letzten Vorlesung, lasse ich mir die Arbeitsweise der Schneideanlage erklären und lege los. Die Bedienung ist einfach, eine Kombination aus Software und Mechanik. Ich bin hungrig. Um keine Zeit zu verlieren, lasse ich mich von meiner Frau mit Sandwiches versorgen. Sie bleibt bei mir und unterstützt mich bei der Auswahl der Szenen. Nach über vier Stunden sind wir fast fertig. Doch unmittelbar vor der letzten Szene funktioniert plötzlich nichts mehr. Wir versuchen alles Mögliche, aber es ist wie verhext. Seit Stunden ist die Heizung abgeschaltet. Es wird unangenehm kalt im Studio und wir werden langsam müde. Erst als es mir gelingt, die Technik zu überlisten, bekommen wir den Schluss in den Kasten. Später erfahre ich, dass die Kassette genau für fünf Minuten vorbereitet war. Das Video wurde aber 30 Sekunden länger, weshalb uns das Ende solche Schwierigkeiten bereitet hat. Es grenzt an ein Wunder, dass es uns überhaupt gelang. Danach noch schnell die Vertonung, zum Glück ist alles vorbereitet. Zwei Stunden später ist das Werk fertig. Ich sehe es mir in voller Länge und mit Ton an. Danach noch zwei Mal. Zeit spielt plötzlich keine Rolle mehr. Jetzt kann ich mir vorstellen, wie sich Steven Spielberg fühlt, wenn er sich Jurassic Park ansieht.

Um 03:00 Uhr morgens komme ich endlich ins Bett und kann vor lauter Vorfreude auf die morgige Premiere kaum einschlafen.

Donnerstag, 25. November 1999

Von 07:00 Uhr bis 08:00 Uhr Generalprobe der Präsentation. Dies war der einzige Zeitraum, an dem der Vortragssaal heute noch frei war. Alle Teammitglieder sind ausnahmsweise pünktlich. Die Probe verläuft gut und gibt uns Sicherheit. Jeder macht seinen Job wie gestern vereinbart. Einige kleine Änderungen an Text, Folien und Spotlight optimieren unsere Performance. Mein Video erntet vom Team hohe Anerkennung, keine Spur von Kritik. Da hat sich wenigstens die Mühe gelohnt. Aber was wird später das Publikum sagen? Ab 09:00 Uhr Marketing-Präsentationen. Heute sind alle professionell gekleidet und durchwegs aufgeregt. Die Bewertung geht mit zehn Prozent in die Fachnote ein. Darüber hinaus wurde von der Schule der Wettbewerb etwas angeheizt. Das Team mit der besten Präsentation wird im nächsten Jahr nach Paris fliegen und das Endspiel des *French-Open*-Tennisturniers besuchen. Dieser Preis wurde von einer Unternehmensberatung gestiftet. Unser Auftritt verläuft fehlerfrei und die Studenten sind von meinem Video begeistert. Viele gratulieren uns spontan für die beste Präsentation des Tages. Ein schöner Teamerfolg, an dem alle beteiligt waren. Soll ich bereits mein Französisch auffrischen?

Die Themenpalette der erfolgreichen Produkte reicht von Wodka über Rasierer bis hin zu Fluglinien. Dabei sind die Vortragsarten genauso unterschiedlich wie ihre Themen. Einige Teams präsentieren todernst und seriös mit Folien, andere spielen eine TV-Show, äußerst humorvoll, aber mit nur wenig Inhalt. Zwei Professoren müssen sich den ganzen Tag über zwanzig Präsentationen anhören. Sie werden mit Informationen und Eindrücken erschlagen. Ob sie sich danach überhaupt noch an Einzelheiten erinnern können? Die Benotung erfolgt eine Woche später und überrascht alle. Wir werden nicht nach Paris fliegen. Golf hätte mich ohnehin mehr interessiert.

Freitag, 26. November 1999

Ein Wochenende zur Erholung wäre angebracht, aber das *Accounting WAC* steht heute ins Haus. Das Ergebnis wird mit dreißig Prozent in die Fachnote eingehen. Vormittags mache ich frei. Ich schlafe lang, gehe laufen, trainiere Golf mit meiner Frau und esse gut zu Mittag. Auf die Anwendung der erlernten Theorien in Bilanzierung und *Management Accounting* freue ich mich. Aber vor dem Team-meeting, das wohl wieder bis zum Abend gehen wird, graut mir. In Gedanken höre ich jetzt schon die Sätze, die mich regelmäßig zur Weißglut treiben: *„The problem is …", „The danger is …".*

Wieder das gleiche Ritual wie vor zwei Wochen bei *Microeconomics*: Um 13:00 Uhr Ausgabe der *Case Study*.

Ein Firmenkonglomerat, bestehend aus 15 unabhängigen Divisionen, hat vordergründig Probleme in der Produktentwicklung, im Einkauf und in der Fertigung. Die Regeln der Zusammenarbeit beruhen auf der Devise: „Divisionen arbeiten zusammen wie mit externen Firmen", und so hat der Konzern intern eine starke Wettbewerbskultur. Jeder Divisionsleiter ist nur der Performance seines *Profit Centres* verpflichtet. Unsere Aufgabe als Berater ist es, in erster Linie Vorschläge für die Lösung der drei beschriebenen Probleme zu erarbeiten. Wir sollen aber auch Empfehlungen abgeben, wie im Sinne einer Gewinnmaximierung auf Konzernebene die Regeln der Zusammenarbeit der fünfzehn Divisionen verbessert werden können.

Während der ersten Stunde lesen wir individuell die *Case Study* und bereiten Vorschläge für Lösungsansätze vor, die wir danach im Team diskutieren. Noch sehr motiviert von unserer gestrigen Marketingpräsentation stürzen wir uns in das Thema hinein. Unsere Marketingspezialistin und ich übernehmen rasch die Führung der Diskussion und treiben das Team zu schnellen Lösungen, ohne dabei die Prüfung aller Gesichtspunkte zu vernachlässigen. Die Arbeit verläuft beinahe harmonisch, wahrscheinlich sind einige froh, dass sie von den Geschehnissen mitgerissen werden. Am Ende haben wir eine klare Analyse der Situation in der Firma und einige gute Empfehlungen zusammengestellt.

Bereits um 19:00 Uhr bin ich zu Hause. Von jetzt bis Samstag 20:00 Uhr ist mit dem Schreiben des *Reports* wieder jeder Student auf sich allein gestellt. Ich habe dafür 25 Stunden Zeit, das sind fast drei

Stunden mehr als vor zwei Wochen. Diesmal steige ich noch am Freitag in das Thema ein und versuche so viel wie möglich zu schaffen, damit ich ruhiger schlafen kann. Ich komme gut voran, doch gegen 23:00 Uhr schlägt die Müdigkeit zu. Es geht nichts mehr, also erst einmal ins Bett.

Einige wenige Studenten setzen sich freitagabends hin, stellen den *Report* in einem Zug fertig und geben samstagmorgens ab. Über den Sinn dieses Vorgehens gibt es unterschiedliche Ansichten. Ihre Bewertungen waren zwar nicht herausragend, dafür hatten sie aber den Samstag zur freien Verfügung.

Samstag, 27. November 1999

Für mich erweist sich meine neue Strategie als richtig. Ich baue auf die gute Basis von gestern auf und komme schnell voran. Zum Glück braucht das Thema keine Grafiken, nur eine Bilanz in der Anlage und die ist in Excel rasch erstellt. Nach zügiger Arbeit ohne Pausen bin ich gegen 17:00 Uhr endlich fertig, habe keine Lust mehr, den Text nochmals zu lesen, sondern treffe mich sofort mit meinem *WAC-Buddy* für die Englischkorrekturen. Tatsächlich kann ich meinen *Report* schon um 18:30 Uhr abgeben. Welche Erleichterung! Am liebsten würde ich jetzt zur Entspannung für eine Stunde auf die *Driving Range* gehen. Dann bleibe ich aber doch zusammen mit anderen an der Rezeption stehen und begrüße die zur Abgabe nach und nach eintreffenden Kollegen.

Um 20:00 Uhr besuche ich die *WAC*-Party, gehe aber früh nach Hause, da ich mich nur noch nach Schlaf sehne.

Sonntag, 28. November 1999

Ich erwache erschöpft, als käme ich von einer Reise zum Mond und brauche Minuten, bis ich weiß, wo ich bin. Es kostet mich große Überwindung, mich erneut an den Schreibtisch zu setzen. Der Berg

Arbeit, den ich heute bewältigen muss, ist unbezwingbar und meine Kraft fast völlig aufgebraucht. Nach zwei Stunden breche ich ab, brauche erst einmal eine Pause. Zur Entspannung laufe ich drei Runden über den Campus. Danach geht es kurzzeitig besser, aber ich fühle mich wie auf den letzten Kilometern eines Marathons. Manchmal ertappe ich mich, dass ich eine halbe Seite gelesen habe und nicht mehr weiß, was drin steht. Ich muss regelmäßig unterbrechen und gelegentlich ein paar Minuten schlafen, anders geht es heute nicht. Entsprechend schwach ist auch mein heutiger Output. Wenn ich den ganzen Tag freigemacht hätte, wäre es besser gewesen.

[Montag, 29. November 1999

Noch drei Wochen bis zu den Weihnachtsferien. Ich beginne die Tage zu zählen. Hunderte Seiten Lesestoff, umfangreiche *Case Studies*, Abgabetermine für Projekte. Kein Wunder, dass sich ernsthafte Ermüdungserscheinungen einstellen, die auch die Teamarbeit erschweren. Da geht es allen gleich. Ein Student eines anderen *Streams* verschwindet, schließt sich in sein Zimmer ein, kommt eine Woche lang nicht wieder heraus. Seine Kollegen versuchen alles, um ihm zu helfen. Der Mentor des Teams und andere Professoren schalten sich ein, um ihn zum Weitermachen zu bewegen. Er lässt sich nicht überzeugen und bricht schließlich sein Studium ab. Schade für ihn! Das ist unser Gesprächsstoff der Woche, täglich gibt es neue Meldungen dazu.

Nun ist deutlich erkennbar, wer Managementpotential hat. Die Debatten in den Teams werden lauter. Zu unterschiedlich sind Persönlichkeiten, Erfahrungen und Fähigkeiten. Der Druck ist von der Schule kontinuierlich aufgebaut worden und hat noch nicht einmal seinen Höhepunkt erreicht. Ein Abgabetermin jagt den anderen, Prüfungen zehren an den Nerven. Viele Leute haben auf „Sieben-Tage-sechzehn-Stunden-Betrieb" geschaltet, das erhöht die Aggression und setzt die Hemmschwelle herunter. Jeder spricht nun Klartext, ohne diplomatische Floskeln. In den Meetings wird geschrien, geheult und in manchen Teams verstummt die Kommunikation ganz. Bei uns macht sich die anfängliche Offenheit mit Kritik und Feedback bezahlt, auch wenn die Gemüter erhitzt und die Aussagen direkter geworden sind. Zumindest bleibt die Teamdynamik erhalten und wir konzentrieren uns auf die Ergebnisse.

Die 210 Studenten lassen sich grob in zwei Haupttypen einteilen: Die einen sind Macher, die schnell entscheiden, Prioritäten setzen und danach handeln. Die anderen können sich nur schwer entscheiden und wollen alles umsetzen, was die Schule fordert. Das ist zeitlich aber nicht mehr möglich und so sind viele von ihnen der Verzweiflung nahe. Man sieht es ihnen deutlich an, sie wandeln wie ihr eigener Geist durch die Gegend.

Auch ich bin müde und abgespannt. Aber ich kenne ähnlich stressige Situationen von meinen Auslandsjobs und kann damit umgehen. Um 23:00 Uhr klappe ich meist die Bücher zu, unabhängig vom Stand der Dinge, denn Schlaf ist das Wichtigste in dieser Zeit. Natürlich gibt es Situationen, die mich abends länger beschäftigen, aber die dürfen nicht zur Regel werden. Ich laufe jeden Tag morgens eine halbe Stunde über den Campus. Davon hält mich nur selten das Wetter ab, selbst hier in England. An den Wochenenden bemühe ich mich soweit wie möglich einen Tag freizumachen und ich bin mindestens ein Mal wöchentlich auf der *Driving Range* zum Golf Training. Diese Balance zwischen Arbeit und Privatleben ist mir sehr wichtig, auch um mein Umfeld überzeugend motivieren zu können. Als Geißel der Arbeit bin ich unglaubwürdig!

Dienstag, 30. November 1999

Seit Tagen beschäftigt mich der Gedanke, über welches Thema ich bei einem Drei-Minuten-Vortrag für das Fach *Personal and Communication Skills* sprechen soll. Ziel ist es, in freier Rede, ohne Folien und mit nur wenigen Hilfsmitteln, wie Landkarten oder Requisiten, das Publikum von einem Thema zu überzeugen. Wir haben freie Auswahl, aber damit beginnt bereits das Problem. Was soll ich erzählen? Was ist so interessant, überzeugt rasch und kostet mich trotzdem möglichst wenig Vorbereitung? Der Vortrag muss vor laufender Kamera gehalten werden. Die Bewertung geht zu 50 Prozent in die Fachnote ein und wird vom Professor bei Ansicht der Videos vorgenommen. Bei insgesamt über zehn Stunden Filmaufnahmen ist das keine einfache Aufgabe!

Dabei wählt er auch die vermeintlichen zwei besten Vorträge aus. Diese werden in einer der nächsten Vorlesungen allen Studenten gezeigt und kommentiert. Natürlich würde sich jeder gern auf der Leinwand sehen.

Wir treffen uns zu Probeaufnahmen im Filmstudio und sollen den Teammitgliedern konstruktives Feedback geben. Aber es bleibt bei höflicher Anerkennung. Jeder ist viel zu sehr mit sich selbst beschäftigt und möchte in der angespannten Situation, in der sich das Team befindet, mögliche Provokationen vermeiden. Nervös sind wir vor der laufenden Kamera alle. Eine Studentin startet drei Mal, kann nur im Sitzen sprechen und anschließend nicht einschätzen, wie lang sie gesprochen hat. Es waren acht Minuten. Vielleicht ist das ein Grund, warum sie sich auch sonst nicht kurz fassen kann. Ein anderer Student hat ein so langweiliges Thema gewählt, dass er schon deshalb niemand begeistern kann und ein dritter ist nicht in der Lage, zusammenhängend zu informieren. Aber all das muss jeder selbst aus seinem Video erkennen. Mir geht es da mit meinem Thema nicht anders. Es ist zu seicht und noch schwach ausgebaut.

Mittwoch, 01. Dezember 1999

Generalprobe für unseren Vortrag. Wieder gibt es keine verwertbaren Hinweise aus dem Team. Drei Minuten sind kurz. Der Vortrag muss deshalb wohl überlegt und vorbereitet sein. Dies erfordert einen wesentlich größeren Aufwand, als jeder vermutet hat. Gefragt sind sprachliches Ausdrucksvermögen, Selbstbewusstsein und Fantasie, gepaart mit Einfühlungsvermögen für das Publikum. Eine leider nur selten vorhandene Kombination. Für manchen, dem diese

Gaben fehlen, zählen diese drei Minuten zu den schwierigsten des gesamten Studiums.

Ich habe nochmals an meinem Vortrag gefeilt und viel geübt. Dazu eignet sich das morgendliche Laufen hervorragend. Ein neues Thema wollte ich nicht wählen, da ich schon viel Zeit in dieses investiert hatte. Außerdem fiel mir nichts Besseres ein, wie immer, wenn man kurzfristig eine gute Idee haben soll. Abends überfliege ich kurz die Vorbereitung für morgen und danach übe ich meinen Redetext. Das ist alles. Morgen werde ich alles geben.

Donnerstag, 02. Dezember 1999

Die Stunde der Wahrheit vor der Kamera. Im Nu sind die drei Minuten um und sofort wenden wir unsere volle Konzentration dem nächsten Thema zu. Die Angelegenheit scheint vergessen, bis einige Wochen später die Ergebnisse bekannt gegeben werden. Viele Studenten wundern sich über die Auswahl der beiden Videos, die uns als die angeblich gelungensten Beispiele gezeigt werden.

Wir machen uns an die Themenauswahl für das Strategie-Projekt und diskutieren im Team wieder einmal bis spät in die Nacht.

Freitag, 03. Dezember 1999

Erneut eskaliert ein Teammeeting. Bildlich gesehen hantieren wir mit einem Flammenwerfer in einer Pulverfabrik. Keiner ist mehr in der Lage, alle Anforderungen zu erfüllen. Jeder möchte bei den vier bevorstehenden Prüfungen am 13. und 14. Dezember so gut wie möglich abschneiden und braucht die nötige Zeit, sich darauf vorzubereiten. Der Count-down läuft! Nur noch zehn Tage! Bei den laufenden Projektarbeiten sind jedoch alle voneinander abhängig und jeder erwartet von seinen Teammitgliedern, dass sie ihre Beiträge pünktlich und in guter Qualität abliefern. So ist es kein Wunder, dass die Situation jetzt in fast allen Teams eskaliert. Während noch zu

Beginn von *Term* 1 viele Studenten bereitwillig Aufgaben übernommen hatten, sich sogar oftmals darum rissen, ist nun jeder bestrebt, dass die Arbeit gleichmäßig verteilt wird. Doch bereits damit gibt es nun Probleme. Viele Studenten sind ausgebrannt und können keine Leistung mehr bringen. Oftmals müssen am folgenden Tag erst einmal wieder die Wogen geglättet werden.

Wir streiten über das letzte gemeinsame Projekt, mit Abgabetermin am 17. Dezember, also nach den Prüfungen. Der Gruppen-Report für *Organisational Behaviour* wird eine Weiterentwicklung der individuellen *Reports* vom Oktober, eine gemeinsame, selbstkritische Reflexion von Teamdynamik, Erkenntnissen und Verbesserungspotential. Zwei Teammitglieder hatten sich vor Monaten für die Erstellung eingetragen und sind dadurch mit Nebenrollen in den Marketing- und Strategie-Projekten davongekommen. Wegen der Prüfungsvorbereitungen möchten sie für ihre Projektarbeit keine Zeit mehr aufbringen und versuchen die heiße Kartoffel zurückzugeben. Dafür ernten sie wenig Verständnis und keiner kann mehr seinen Ärger verbergen. Wir veranstalten ein einstündiges Schlachtfest. Es hilft nur noch rohe Gewalt, um die beiden in ihre Verantwortung zurückzuholen. Ich bin angewidert von solchem Teamverhalten und frage mich, was diese Leute eigentlich an einer *Business School* machen.

[Samstag, 04. Dezember 1999

Meine innere Unruhe lässt mich noch vor dem Weckerklingeln aufwachen. Früh erledige ich so viel wie möglich. Nach kurzem Golftraining treffe ich mich mit einem Kollegen, um unser Strategie-Projekt voranzutreiben. Abgabe ist am Donnerstag und bis jetzt haben wir noch nicht viel vorzuweisen. Zwei Studenten hatten sich vor längerer Zeit bereit erklärt, die erste grobe Recherche zu übernehmen. Nachdem der Termin zur Vorlage ihrer Ergebnisse am Dienstag verstrichen war, hieß es täglich „morgen". Jedes Mal hatten sie eine andere Ausrede: Auto kaputt, Freundin gekommen, müde gewesen, keine Zeit gehabt. Gestern blieb uns nichts anderes übrig, als einen harten Schnitt zu machen und die „Versager" zu entlasten. Erst jetzt lerne ich das wahre Gesicht von einigen meiner Mitstudenten kennen. Nach stundenlangen Diskussionen habe ich mich bereit erklärt, auch für dieses Projekt die Leaderrolle zu übernehmen.

Die Belastung und Anspannung kommt nun nicht mehr nur von der Menge der zu bewältigenden Aufgaben und den verschiedenen Prüfungen und Abgabeterminen schriftlicher Arbeiten, sondern vielmehr von den menschlichen Konflikten in den Teams. Oftmals verändert sich jetzt das Verhältnis einzelner Studenten zueinander völlig. In den meisten Teams ist die Zusammenarbeit jetzt so schwierig, dass einzelne Studenten oder Zweiergruppen die Aufgaben erledigen. Wichtig ist nur noch pünktlich und in akzeptabler Qualität abzugeben. Während zuvor meist starke Persönlichkeiten um Positionen rangen oder ihre Meinung dominant vertraten, bilden sie nun belastbare Achsen und sind gemeinsam daran interessiert, ihr Team weiterzubringen. Sie verfolgen uneingeschränkt die Ziele. Zuverlässigkeit ist die wichtigste Voraussetzung für den Erfolg aller Teammitglieder.

Sonntag, 05. Dezember 1999

Wieder ein Tag voller Arbeit am Strategieprojekt. Es ist eine Kombination aus zwei Teilprojekten, die eine tiefgründige Recherche benötigen. Der erste Teil untersucht die strategischen Schwerpunkte einer Branche, der zweite Teil befasst sich mit der Positionierung eines konkreten Unternehmens in dieser Branche.

Um uns das Leben etwas zu erleichtern, haben wir die Schokoladenindustrie gewählt. Dafür können wir auf die Erkenntnisse aus dem Marketingprojekt aufbauen. Jeweils drei Leute des Teams arbeiten an einem der Teilprojekte. Dies erfordert einen hohen Koordinationsaufwand und einen guten Informationsfluss. Ich liebe Schokolade und bin von der Fülle der Marktinformationen, Trends und Zukunftsausblicke begeistert.

Das Lesen für die nächsten drei Tage beschäftigt mich noch bis nach Mitternacht.

Montag, 06. Dezember 1999

Die Vorlesungen befassen sich mit den Prüfungsvorbereitungen. Trotzdem fällt es mir schwer, mich zu konzentrieren. Wäre ich heute Morgen nicht eine halbe Stunde gelaufen, würde ich vermutlich schon wieder schlafen. Müde sind wir alle, aber einige Studenten wirken wie Schlafwandler, wanken nur noch durch die Gegend und nehmen nicht einmal mehr wahr, wer neben ihnen steht.

Nachmittags wieder anstrengende Teamarbeit am Strategieprojekt. Wir verteidigen unsere Arbeitsergebnisse vom Wochenende. Es wird nichts mehr geändert! Anfänglich sinnlose Diskussionen münden letztlich in produktive Arbeit. Bis 22:00 Uhr kommen wir ein gutes Stück voran.

Dienstag, 07. Dezember 1999

Ich weiß nicht, zum wievielten Mal gestern ein Teammitglied über eine Viertelstunde zu spät zum Meeting kam und alle anderen warten ließ. Das klingt nicht nach viel, summiert sich aber auf Stunden. Zeit, die wir uns nicht leisten können, so unproduktiv zu verbringen. Darüber hinaus ist es eine Geringschätzung der Partner. Ich habe beschlossen, heute zu einem Arbeitstreffen mit diesem Studenten selbst eine halbe Stunde zu spät zu kommen, um ihn einmal spüren zu lassen, wie es ist, wenn man auf jemanden warten muss. Natürlich ist er fürchterlich verärgert, da ausnahmsweise er einmal pünktlich war. Meine seltsame Reaktion ist das Ergebnis der gereizten Stimmung. Im Nachhinein wird mir bewusst, wie ich das Problem hätte besser angehen können. Tatsächlich ist dieser Student von nun an aber pünktlich. Zumindest hat mein Zeichen seine Wirkung nicht verfehlt.

Mittwoch, 08. Dezember 1999

Noch einmal wird im Team kurz der Stand der beiden Strategie-projekte besprochen. Jeder sagt nur das Nötigste, dann verschwinden die Dreierteams zur letzten Überarbeitung ihrer *Reports*. Wieder sind wir bis spät abends beschäftigt. Wir müssen uns nun gegenseitig vertrauen. Das ist auch notwendig, denn morgen ist Abgabetermin.

Donnerstag, 09. Dezember 1999

Feiertag! Das Team trifft sich zum letzten Mal!

Einige Teams sind in den vergangenen Tagen und Wochen völlig zerfallen und die Menschen sprechen kein Wort mehr miteinander. In anderen sind Freundschaften fürs Leben entstanden.

Mein Team braucht einige Zeit, bis sich die Wogen geglättet und die Gemüter abgekühlt haben. Menschlich verstehen wir uns gut. Wir haben unsere Stärken und Schwächen kennen gelernt, waren unter der extremen Belastung aber nicht in der Lage, die Diskrepanzen bei der Zusammenarbeit zu bewältigen. Später wird uns bei vielen Begegnungen bewusst, dass wir gemeinsam durch schwierige Zeiten gegangen sind. Heute kann ich mir noch nicht vorstellen, dass ich in *Term* 4 einem dieser Studenten anbieten werde, in meinem selbst zusammengestellten Team für ein *Finance*-Projekt mitzuarbeiten. Es sind die Lehren des MBA, die das ermöglichen.

Freitag, 10. Dezember 1999

Nun wird es Zeit für die intensive Prüfungsvorbereitung. Der Umfang lässt es nicht zu, alles noch einmal zu wiederholen. Ich konzentriere mich auf Themen, die ich für besonders wichtig halte und die voraussichtlich in der Prüfung eine wesentliche Rolle spielen werden. Dies versuchten wir in einigen Fächern aus verschiedenen Aussagen der Professoren zu interpretieren. Kapitel, die zu viel Lernaufwand bedeuten, klammere ich aus. Auf diese Weise lege ich mir einen sicheren Wissensumfang zu, der ein Bestehen der Prüfungen garantierten soll.

Samstag, 11. Dezember 1999

Ich gönne mir einen freien Vormittag zur Entspannung. Danach kostet es mich eine unbeschreibliche Überwindung, an die Bücher zurückzukehren. Ich weiß nicht, was ich zuerst machen soll. Bei vier Prüfungen an zwei Tagen werde ich keine Gelegenheit haben, mich dazwischen auf jedes einzelne Fach vorzubereiten. Ich erstelle mir Kurzzusammenfassungen der wichtigsten Themen und gehe diese immer wieder durch. Damit habe ich auch an den Prüfungstagen die Möglichkeit, den Stoff unmittelbar vor dem Examen nochmals komprimiert aufzufrischen.

Sonntag, 12. Dezember 1999

Studieren, studieren, studieren. Ab 17:00 Uhr mache ich für den Rest des Tages frei, laufe über den Campus und gehe mit meiner Frau gemütlich essen.

Montag, 13. Dezember 1999

Um 9:30 Uhr drei Stunden *Microeconomics*-Prüfung, die 50 Prozent der Fachnote ausmacht. Wir sitzen wieder im Vorlesungssaal 29, diesmal jedoch nur 50 Studenten. Die anderen wurden für die Examen am Campus verstreut in verschiedene Räumlichkeiten verteilt. Ich werde die nächsten beiden Tage hier sitzen und vier Arbeiten schreiben, mit großem Abstand zu meinen Prüfungsnachbarn.

Das Examen besteht aus zwei Teilen. Im ersten sind obligatorisch vier Fragen zu beantworten. Sie beziehen sich auf eine *Case Study*, die wir vor einer Woche erhalten haben.

Die *Case Study* beschreibt eine Wettbewerbssituation im Luftverkehr: Mit der Liberalisierung vor über zehn Jahren veränderte sich für eine etablierte Fluglinie die Geschäftssituation auf ausgewählten Routen drastisch. Eine Billigfluglinie „*No Frills*" hatte sich in den Markt hineingedrängt. Mit guten Flugverbindungen und billigeren Tickets eroberte die neue Linie im Handumdrehen hohe Marktanteile, natürlich sehr zum Ärger des etablierten Konkurrenten.

In der *Case Study* sind auch Kapazitäten, Preis- und Kostenvergleiche sowie Hintergrundinformationen zu den beiden Wettbewerbern angegeben.

Im zweiten Teil müssen wir zwei Fragen aus einer Auswahl von vier beantworten. Es geht um Themen wie Gewinnmaximierung, Preiselastizität, Kostenkurven und Mindestlöhne. Die betriebswirtschaftlichen Theorien sind an Fallbeispielen anzuwenden und umfassend darzustellen.

Damit werden wesentliche *Microeconomics*-Schwerpunkte von *Term* 1 abgedeckt. Das Ganze ist keine große Überraschung für mich, aber ich muss viel mit der Hand schreiben und dann mit hübschen Grafiken ausschmücken. Vor der praktischen Anwendung im *Case* sind die zugrunde liegenden Theorien kurz zu skizzieren. Am liebsten würde ich den Text meiner Sekretärin diktieren, aber die ist weit weg. Studenten haben leider keine Mitarbeiter! Etwa 20 Minuten vor Abgabetermin liegen die zwei von der Schule verteilten Antworthefte gefüllt vor mir. Da ich denke, damit sowohl qualitativ als auch quantitativ den Anforderungen zu entsprechen, atme tief durch. Ein letzter Blick auf die Kurven – das müsste so stimmen. Ich habe das Gefühl, dass die Themen von mir gut erörtert und dargestellt wurden. Nachdem unsere Antworten eingesammelt sind, gehe ich rasch nach Hause. Es bleiben mir zwei Stunden zum Essen und für einen letzten Blick in meine *Accounting*-Unterlagen.

Um 14:00 Uhr liegen drei Stunden *Accounting*-Prüfung vor mir. Sie fließt zu fünfzig Prozent in die Fachnote ein. Wir erhalten ein neunseitiges Prüfungspapier, das ebenfalls aus zwei Teilen besteht und Auswahlmöglichkeiten bietet.

Im ersten Teil sind zwei Fragen von drei zu beantworten. Ich verschwende viel Zeit, um aus den seitenlangen Aufgabenbeschreibungen und Bilanzen herauszufinden, was eigentlich benötigt wird.

Teil zwei beglückt uns mit drei Mini-*Case-Studies* auf je einer Seite. Auch hierfür ist der Leseaufwand erheblich. Bevor ich auswählen und mit der eigentlichen Arbeit beginnen kann, vergehen 30 Minuten. Für die ersten beiden *Case Studies* ist je eine Bilanz zu erstellen und zu kommentieren, die dritte erfordert die Erarbeitung einer Budgetplanung mit Abweichungsanalyse. Ich entscheide mich für eine Bilanz und die Budgetplanung. Da ich durch den Zeitdruck noch nervöser geworden bin, beginne ich hektisch die Lösungen auf Papier zu bringen. Zu lange habe ich beim Lesen und bei der Auswahl der Themen getrödelt. Der Umfang ist für mich kaum zu bewältigen und gegen Ende sind meine Finger nicht mehr in der Lage, den Kugelschreiber festzuhalten. Sie kleben verkrampft an dem Griffel und können meinen Gedanken nicht mehr folgen. Welche Quälerei!

Um 17:00 Uhr ist dann endlich Abgabe. Danach fühle ich mich wie erschlagen. Inhaltlich war ich gut vorbereitet und denke, dass ich bestanden habe. Kurz darauf verschwinden alle und hocken sich wieder über ihre Bücher.

Morgen sind zwei weitere Examen. Ich sehe mir nochmals die wichtigsten Themen von Statistik an. Marketing bereitet mir keine großen Sorgen. Um 18:00 Uhr lege ich feierlich die Bücher zur Seite. Was bis jetzt nicht in meiner Birne ist, wird auch in den nächsten Stunden dort nicht hineingehen. Feierabend!

[**Dienstag, 14. Dezember 1999**

Ab 09:30 Uhr zwei Stunden Statistikprüfung. Das Ergebnis zählt
80 Prozent für die Endbewertung. Es sind Antworten zu drei von
fünf Fragen auszuarbeiten. Die Auswahl scheint hier Methode zu
haben! Fragen eins und zwei bestehen aus je vier Teilaufgaben zur
Normalverteilung und Wahrscheinlichkeitsrechnung. Fragen drei,
vier und fünf warten mit je drei Teilaufgaben zu Regressionen auf.
Seit sechs Wochen sprechen wir in Statistik über nichts anderes als
über immer umfangreicher werdende Regressionen. Wenn man die
Zusammenhänge einigermaßen verstanden hat, dann besteht die
Hauptaufgabe darin, die Angaben aus dem Text in Formeln einzusetzen und den Rest macht der Taschenrechner.

Keine der Fragen überrascht mich. Die Auswahl kostet mich
diesmal nicht viel Zeit und ich mache mich zügig ans Werk. Zwei
Stunden sind gut veranschlagt für den Umfang der Arbeiten. Wenige
Minuten vor Abgabetermin bin ich fertig. Einige wenige Rechenstars
unter uns geben ihre Arbeit bereits nach einer guten Stunde ab und
verlassen auf Zehenspitzen den Vorlesungssaal. Ich lege mein Werk
um 11:30 Uhr gemeinsam mit den anderen auf den Vortragstisch und
verschwinde rasch in unsere Wohnung. Ohne Essen geht es leider
auch in diesen Tagen nicht. Dann lese ich mir schnell noch einmal
die wichtigsten Marketingprinzipien durch. Es kann nicht schaden,
wenn das Kurzzeitgedächtnis auch seinen Beitrag leistet. Selbst für
ein kurzes Nickerchen ist heute noch ausreichend Zeit.

Um 14:00 Uhr treten alle ein letztes Mal an. Vor uns liegen zwei Stunden Marketingprüfung, die zu 70 Prozent in die Gesamtnote eingeht.
Wie soll es anders sein, es sind zwei von drei Fragen zu beantworten.

Ich kann wählen zwischen der Ausarbeitung einer Marketing-
Strategie, der Erörterung und Anwendung wesentlicher Marketing-
Tools oder einer seitenlangen Frage, die ich erst gar nicht lese. Die
Entscheidung ist einfach! Was mich bei Marketing im Gegensatz zu

quantitativen Aufgaben stört, ist die Unmenge an Schreibarbeit. Doch zwei Stunden sind dafür völlig ausreichend. Eine weitere wäre schon allein physisch nicht möglich gewesen. Zwei Tage sitzen und schreiben, schreiben, schreiben, hat seine Spuren hinterlassen. Meine Hände verkrampfen sich wieder und ich bin nicht der Einzige, der sich Blasen an den Fingern geschrieben hat. Mit den Aufgabenstellungen komme ich aber gut zurecht. Wir waren bestens vorbereitet worden.

Um 16:00 Uhr endlich Abgabe. Erlösung! Das war's! *Term* 1 ist zu Ende!

Das Gefühl, diese beiden Tage hinter mich gebracht zu haben, kann ich in Worten nicht beschreiben. Vermutlich verstehen das außer MBA-Studenten nur einige Partner, die all die Höhen und Tiefen der letzten Wochen miterlebt haben. Auch wenn viele Ergebnisse aus den abgegebenen Projekten noch nicht vorliegen, bin ich optimistisch, *Term* 1 erfolgreich abgeschlossen zu haben.

Aber an diesem Abend steht nur eines wirklich fest: Der erste Abschnitt des MBA-Studiums ist geschafft und drei Wochen Ferien liegen vor uns. Wir wären nicht an einer *Business School*, wenn nun jeder nach Hause gehen und in ein paar Wochen wieder auftauchen würde. Wer viel arbeitet, muss auch ordentlich feiern können!

Um 19:00 Uhr werden wir mit gecharterten Bussen zum Weihnachtsball in die Corn Exchange in Bedford gebracht. Dort hat vor vielen Jahren Benny Goodman eines seiner legendären Jazzkonzerte gegeben. Zunächst stehen die Kleider der Damen im Mittelpunkt. Einige sind von herrlich leichtem Material und so weit ausgeschnitten, dass sich alle Männer (die in den letzten Monaten nichts taten außer lernen) nervös nach ihren Trägerinnen umdrehen. Langsam erwachen wieder die Lebensgeister.

Für die Sitzordnung hat in den letzten Wochen an der Schule eine Liste ausgelegen, in die sich jeder eintragen konnte. Nur wenige Teams sitzen zusammen, auch meines nicht.

Ich habe im Trubel der Prüfungsvorbereitung vergessen, mich

einzutragen, finde aber noch einen Tisch mit sympathischen Gesprächspartnern. Bunte Hüte, Luftballons, die schlängelnd durch die Luft fliegen, Knallbonbons und einige Darbietungen sorgen für Kinderfasching-Stimmung. Das Essen ist gut und sobald danach die Musik beginnt, füllt sich die Tanzfläche. Kaum einen hält es auf seinem Stuhl. All die Anspannung der vergangenen Tage und Wochen wird im wahrsten Sinne des Wortes abgeschüttelt. In den Gesprächen dreht sich alles um die bevorstehenden Ferien. Das Thema Prüfungen wird nicht mehr erwähnt. Warum auch? Es ist erledigt und niemand möchte daran erinnert werden. Die Stimmung dieses Abends ist unvergleichlich und wird für mich unvergesslich bleiben. Alle Anwesenden sind auf ihre Art Gewinner. Sie haben den Widrigkeiten des ersten *Terms* getrotzt. Schade ist, dass ein Student dem Druck der letzten Wochen nicht standhalten konnte. Sein Team hatte ihn bis zum Schluss auf die Namensliste ihrer abzugebenden Arbeiten gesetzt, um ihm die Möglichkeit zu erhalten, sich doch noch anders zu entscheiden. Aber wer in diesem Studium den Glauben an die eigenen Fähigkeiten verliert, hat wirklich keine Chance zu bestehen. 209 Studenten haben den Glauben an sich bewahrt!

[Mittwoch, 15. Dezember 1999

Ich erwache mit einem unglaublichen Gefühl der Erleichterung. Einen solchen Tag kann man nicht einfach so vorübergehen lassen, man muss ihn genießen. Ich stehe spät auf, laufe dann eine Stunde über die Felder und entspanne mich anschließend in der Badewanne, bis mich meine Frau an einen reichlich gedeckten Frühstückstisch ruft.

Danach hole ich aus der Schule die Unterlagen für die Vorlesungen in *Term* 2 und ich erfahre, welchem *Stream* und Team ich ab Januar zugeteilt bin. Ich muss mich erst einmal aus dem allgemeinen Trubel zurückziehen und nach der Namenliste und den Fotos der Studenten herausfinden, mit wem ich in den nächsten drei Monaten besonders viel zu tun haben werde. In meinem neuen

Learningteam sind zwei englische Anwälte, ein australischer Hotelmanager, ein englischer Projektingenieur aus der Ölförderung und ein Selbständiger aus Malta, der seine Firma für das Jahr in die Hände eines Juniormanagers legt.

Von den neuen Teammitgliedern habe ich bisher noch nicht viel gehört. Persönlich kenne ich nur einen Studenten flüchtig. Das Team bleibt also eine Überraschung für das kommende Jahr.

Donnerstag, 16. Dezember 1999

Obwohl ich viel lieber nichts tun möchte, gehe ich heute und morgen zu einem *Career Planning Workshop,* für den ich mich schon vor Wochen angemeldet hatte.

Die Veranstaltung soll eine Hilfestellung für die Festlegung der Wahlfächer im zweiten Halbjahr geben. In kleinen Gruppen finden sich Teilnehmer zusammen, die in einer moderierten Runde über ihre Stärken, Schwächen und Karriereziele diskutieren. Mit allerlei Tools werden bisherige Lebenswege gezeichnet und herausgearbeitet, welche Dinge für jeden Einzelnen wichtig sind. Die Einheit von Job und Privatleben wird dabei hervorgehoben. Es ist ein *trade-off.* Wie viel Privatleben ist jemand bereit für seinen Job einzusetzen? Ein hoher Freizeitbedarf lässt sich mit einer steilen Karriere schwer verbinden. Dementsprechend sollten auch die Karriereambitionen gesteuert werden, denn nur in dem Umfeld, in dem wir uns wohl fühlen, werden wir auch erfolgreich sein können.

Freitag, 17. Dezember 1999

Zweiter Tag des *Career Planning Workshops.* Nicht alle meine Erwartungen werden von dieser Veranstaltung erfüllt, aber vielleicht waren sie auch einfach falsch. Immerhin erhalte ich gute Anregungen, neue Impulse und fühle mich bestätigt in meinen hoch gesteckten Zielen. Ich werde zukünftig meinen Job stärker im Einklang mit dem Privatleben sehen und mehr Klarheit über die damit verbundenen Kompromisse haben. In den bevorstehenden Ferien werde ich mir weitere Gedanken dazu machen, die den wirklichen Wert dieses Workshops ausmachen sollen.

Samstag, 18. Dezember bis Samstag, 01. Januar 2000

Letzte Woche haben meine Frau und ich im Internet einen preiswerten Flug in die Karibik gebucht.

Dort finden wir ein schönes Hotel direkt am Strand. Dies ist der richtige Ort, um mich von den anstrengenden Monaten zu erholen. Erst am Ende der zweiten Woche mache ich mir Gedanken zu den Wahlfächern in *Term* 3 und 4, die wir bereits im Januar festlegen müssen.

Den Jahreswechsel verbringen wir am Strand unter Palmen. Der Sternenhimmel ist unser Feuerwerk. Wir genießen es, Zeit für uns zu haben, endlich wieder einmal lange Gespräche führen zu können und träumen von unserer Zukunft. Mit neuer Kraft kehren wir zurück.

4 Spiel's noch einmal, Sam – We Can Do This

01. 01. – 09. 01. 2000

Nach Cranfield zurückgekehrt, spüre ich trotz des Klimaschocks und einer ärgerlichen Erkältung meinen neuen Elan. Ich freue mich auf das zweite Studienquartal. Die Woche bis zum Beginn der Vorlesungen verbringe ich sehr entspannend. Mit meiner Frau unternehme ich Ausflüge nach London und Oxford. Bei einem Besuch unserer lieb gewonnenen Auktion in Bedford ersteigere ich ein offensichtlich wertloses Ölgemälde aus dem 19. Jahrhundert für ein paar wenige Pfund. Außerdem trainieren wir Golf und wandern. Abends treffen wir uns mit Studenten aus Indien, Südamerika und England, tauschen Urlaubserlebnisse aus, philosophieren über das Studentenleben sowie die zukünftigen Entwicklungsmöglichkeiten des Internets und der Europäischen Union. Ich genieße es in vollen Zügen, Student zu sein und meinen Arbeitsalltag für ein volles Jahr unterbrechen zu dürfen.

[10. 01. – 16. 01. 2000

Term 2 beginnt mit einer Woche intensivem Projektmanagement-Training. Für viele Studenten, die zum ersten Mal in dieser Form mit einer Projektmanagement-Systematik konfrontiert sind, ist es eine unverzichtbare Grundlage, die sie auch für ihre Arbeiten ab *Term* 2 benötigen werden. Da ich lang in Industrieprojekten gearbeitet habe, bietet es keine Herausforderung für mich und es bleiben die einzigen Tage des MBA-Studiums, an denen ich nichts Neues lerne. Ich konzentriere mich darauf, meine neuen Teammitglieder kennen zu lernen. Alle sechs Studenten sind über dreißig und ihre Backgrounds versprechen ein hohes Arbeitsniveau. Euphorische Erwartungen über die Zusammenarbeit hat jedoch keiner mehr. Zu sehr sitzt jedem noch die Teamerfahrung von *Term* 1 im Nacken, die für fast alle, besonders in den letzten Wochen, ähnlich kritisch war. Diesmal wollen sich alle vorsichtig herantasten und platzieren. Zunächst verhält sich jeder abwartend, die Anforderungen werden die Wahrheit ohnehin schnell ans Licht bringen.

Die fünf Tage der ersten Woche sind aufgeteilt in Vorlesungen über Projektmanagementtheorie, *Teambuilding*-Workshops und eine zweitägige Projektsimulation. Für die Simulation sind das Strukturieren der einzelnen Arbeitsschritte, eine fortlaufende Terminplanung sowie Entscheidungen über den Ressourceneinsatz im Fünfzehn-Minuten-Takt erforderlich. Eine sinnvolle Verteilung der Aufgaben innerhalb des Teams ist wichtig, so dass wir in den kurzen Entscheidungszeiträumen rasch und effektiv handeln können. Hier ist kein Platz für Komitee-Entscheidungen. Es gibt einen Projektleiter, der das letzte Wort hat. Nach drei Monaten Dauerdiskussionen in *Term* 1 ist das eine fremdartige Situation für einige Studenten. Die Beurteilung der Teams erfolgt entsprechend des erwirtschafteten Gewinns. Das erzeugt eine gute Wettbewerbssituation gleich zu Beginn des neuen *Terms*. Wir liegen mit unserem Ergebnis im oberen Viertel und sind zufrieden mit dem Resultat. Am Freitagabend feiern wir die Sieger auf einer Projektparty. Spätestens jetzt sind alle wieder voll auf ihr Studium eingestellt.

Sonntagabend lade ich zehn deutschsprachige Studenten zum „Schnitzelessen" ein. Deutsche, Österreicher und Schweizer. Wir wollen einen gemeinsamen Stand beim internationalen Festival der Universität im Februar organisieren. Es wird lang und viel geredet. Ideen werden geboren und verworfen. Arbeit übernehmen wollen anfänglich die wenigsten, denn das bedeutet eine zusätzliche Belastung neben dem Studium. Gegen Ende des Abends sind wir jedoch alle von unseren Vorstellungen vom Stand begeistert und verteilen die Aufgaben schnell und problemlos. Wir werden in den kommenden Wochen Botschaften, Kulturvereine und Firmen der drei Länder bitten, uns mit Leihgaben und Sachspenden für die Veranstaltung zu unterstützen.

[17. 01. – 23. 01. 2000

Wir haben einige spannende Fächer in *Term* 2 dazubekommen. *Financial Management* knüpft an *Accounting* an. *Human Ressource Management* ersetzt *Organisational Behaviour*. *Operations Management* und *Information Systems* kamen neu hinzu. *Strategy* konzentriert sich auf Kooperationen und Akquisitionen. *Term* 2 baut in allen Aspekten auf die Grundlagen von *Term* 1 auf und verspricht inhaltlich anspruchsvoller zu werden. Die neuen Themen klingen interessant. Nach den drei Wochen Urlaub fällt es mir allerdings schwer, mich wieder mit den gewaltigen Mengen Lesestoff bis spät in die Nacht zu beschäftigen.

Das neue Team trifft sich am Dienstagabend bei einer Studentin zu Hause. Sie wohnt nicht weit von Cranfield entfernt, in einem alten Nebengebäude eines großen Landsitzes im Grünen, das sehr schön und mit Liebe zum Detail renoviert wurde. Das knisternde Kaminfeuer versprüht eine beruhigende Atmosphäre. Wir sitzen auf einladenden Ledersofas, essen, trinken und unterhalten uns angeregt über Gott und die Welt. Nach einigen schönen Stunden weiß jeder etwas mehr über die anderen und das ist eine gute Basis für die gemeinsamen Monate, die vor uns liegen. Wir bleiben bis 23:00 Uhr und lassen ausnahmsweise einmal unsere Hausaufgaben liegen.

Bis Donnerstag muss jeder Student festgelegt haben, mit welchen Wahlfächern (*Electives*) er die zweite Hälfte des Studiums in *Term* 3 und 4 ausstatten möchte. Diese Entscheidung wird den fachlichen Schwerpunkt des Studiums bestimmen und beschäftigt uns deshalb sehr intensiv. Bei der Auswahl der *Electives* hilft eine Broschüre mit detaillierten Informationen über Inhalt, Dauer, Prüfungen etc. Eine zweite mit Beurteilungen der Fächer wurde von den Studenten des Vorjahres geschrieben. Es wird drei Pflichtkurse in *Term* 3 geben: *Business Start-up*, *Managing Strategy and Strategic Change* sowie *Business Law*. Das restliche Programm können wir aus über achtzig verschiedenen Wahlfächern individuell zusammenstellen. Sie sind um verschiedene Management-Themenfelder, wie z. B. *Strategy*, *Marketing*, *Finance*, *HR*, *Information Systems*, etc. gruppiert. Darüber hinaus gibt es Consultingprojekte von externen Firmen, die unter fachlicher Aufsicht von Professoren durchgeführt werden können.

Bei der viel diskutierten Fächerauswahl zeichnen sich drei verschiedene Interessenrichtungen ab: Der größte Teil der Studenten möchte entsprechend seiner Ziele den weiteren Verlauf des Programms ab *Term* 3 Maß schneidern. Darin gibt es zwei Hautgruppen: die einen, die sich auf die „harten Fächer" wie *Finance* und *Strategy* konzentrieren, und andere, die ihre Stärken im soften Terrain wie *HR* oder *Marketing* sehen. Ein kleiner Teil von Studenten bildet die dritte Interessenrichtung. Ihr Ziel ist es, den Studienaufwand im zweiten Halbjahr minimal zu halten, da sie bereits im ersten *Term* ihre Grenzen kennen gelernt hatten. Ihnen geht es vorrangig um den Erwerb des MBA-Zertifikates, weniger um ihre fachliche und persönliche Weiterentwicklung. Sie picken sich von allen Themenkreisen die vermeintlich einfachsten *Electives* mit niedrigen Prüfungsanforderungen heraus. Viele potentielle Arbeitgeber kennen dieses Phänomen und begegnen ihm mit entsprechend harten Auswahlprozessen, die über drei bis sechs *Interview-* und *Assessment-*Runden gehen können.

In dieser Woche erscheint auch das Jahrbuch. Es enthält die Lebensläufe aller Studenten, die im Oktober im *Career Office* abgegeben werden mussten. Die Schule wird es als Bewerbungsinitiative an über dreitausend potentielle Arbeitgeber und *Headhunter* schicken. Für die Firmen ist es eine willkommene *Recruiting*-Maßnahme. Sie treffen aus dem Pool der rund 210 Cranfield-MBAs eine erste Vorauswahl an Studenten, die sie zu Interviews einladen. Ich erhalte dadurch im Laufe der folgenden Monate ca. fünf Intervieweinladungen von einem Mix aus *Consulting-*, *Engineering-*, Einzelhandels- und *Financial-Services*-Firmen.

Am wichtigsten scheint das Jahrbuch jedoch für die Studenten selbst zu sein, die alle eine Ausgabe des Buches bekommen. Es enthält Informationen über Ausbildung, Erfahrungen und bisher innegehabte Managementpositionen. Nun kann jeder lesen, was er schon längst wissen wollte. Es wird ein wichtiges Hilfsmittel zum gegenseitigen Kennenlernen, ist aber bald unter dem Namen „Märchenbuch" in aller Munde, da sich jeder mit seinem Lebenslauf möglichst positiv dargestellt hat. Was davon den Tatsachen entspricht, bleibt ungewiss. Da wird schon mal aus einem Sachbearbeiter ein Manager und Gelegenheitsjogger bezeichnen sich als Marathonläufer. Bei einigen Lebensläufen war ganz offensichtlich der Wunsch der Vater des Gedankens, denn Eigenschaften wie *„Trilingual Crisis Manager"* mögen so gar nicht zu ihren Verfassern passen. Ausgewählte Phrasen werden in einer Vorlesung in *Communication Skills* als abschreckende Beispiele vom Professor präsentiert. Sie tragen sehr zur Unterhaltung der anderen Studenten bei und die betroffenen Leute lernen ihre Lektion.

Das Jahrbuch wird der unmittelbare Auslöser für ein nicht mehr endendes Getratsche über *Winner* und *Loser*. Gerüchte über alles und jeden finden damit einen guten Nährboden. Da die Studenten noch erholt sind und die Arbeit leicht von der Hand geht, gibt es so viele Partys wie noch nie. Auch ich nutze die Gelegenheit, interessante Leute in größeren und kleineren Gruppen einzuladen, um mehr von ihnen zu erfahren. Wer erzählt nicht gern über sich? So lerne ich Neues übers Segeln, Flugstunden in Cranfield, Restauration von Oldtimern, Golftechniken und gute Reiserouten in Südamerika und im Himalaja. Aber natürlich wird dabei auch viel Interessantes über das Studium ausgetauscht.

[24. 01. – 30. 01. 2000

Die Zusammenarbeit läuft in meinem neuen Team sehr gut an, eindeutig auf höherem Niveau. Zwar haben wir diesmal häufiger mit fachlichen Meinungsverschiedenheiten umzugehen, aber das wirkt positiv und regt an, Dinge auch einmal anders zu sehen. Die Mehrheit dringt auf schnelle Entscheidungen und eine effiziente Erledigung der anliegenden Aufgaben. Das entspricht meinem Arbeitsstil und trägt dazu bei, dass ich wieder mehr von der Teamarbeit profitieren kann. In *Term 2* stehen vier Gruppenprojekte an. Für *Operations Management* analysieren wir die Serviceprozesse des nahe gelegenen Hilton-Hotels in Milton Keynes. Für *HR* haben wir eine Abhandlung über ausgewählte *Knowledge-Management*-Theorien und deren praktische Anwendung im *Professional-Services*-Bereich zu erarbeiten. *Information-Systems* beglückt uns gleich mit zwei Arbeiten. Für die erste analysieren wir gemeinsam Veränderungen im Reise-Markt durch den steigenden Einsatz von vernetzten Informationssystemen und schreiben individuelle *Reports* darüber. Die zweite Aufgabe erfordert die Erarbeitung einer IT-Strategie für ein Einzelhandelsunternehmen mit Präsentation vor einer Kommission. Bereits vor einer Woche hatten wir innerhalb meines Teams ohne lange Diskussion die Themen und die zu analysierenden Firmen ausgewählt und dabei auch die Hauptlasten der Recherche und des *Report*-Schreibens verteilt. Diese Teilerfolge spornen an.

Meine Frau nimmt im Laufe der nächsten Wochen an einem kostenlosen Computerkurs teil, der von der *Business School* für alle Partner angeboten wird. In sechs mal zwei Stunden werden die Teilnehmer persönlich betreut und können individuell bestimmen, was sie lernen möchten.

[31. 01. – 06. 02. 2000

Zusätzlich zum mittlerweile zur Gewohnheit gewordenen Vorlesungsrhythmus werden *Role Plays* ein zentrales Thema der nächsten zwei Wochen. Diese Woche trainieren wir „*Tough Interviews*". Dabei werden Kündigungen, Abmahnungen etc. mit Schauspielern durchgespielt, die sich auf diese Thematik für Managementtrainings spezialisiert haben. In zusätzlichen Vorlesungen erhalten wir Einblick in die nötigen psychologischen Grundlagen und analysieren praktische Beispiele, die von der Theatergruppe gespielt werden. Danach hat jedes Team eine *Session*, die über mehrere Stunden wie folgt abläuft: Zwei Schauspieler leiten ein Kündigungsgespräch ein. Die sechs Studenten des Teams sitzen als Beobachter daneben und übernehmen zu unterschiedlichen Zeitpunkten die Position des Vorgesetzten. Wir beginnen mit einem Kündigungsgespräch. Die virtuelle Firma hat mit dem harten Wettbewerb zu kämpfen und ist gezwungen Standorte zu schließen. Der Geschäftsführer muss dem Leiter eines betroffenen Fertigungsstandortes klarmachen, dass dieser seine Mitarbeiter abbauen und den Standort auflösen sollte, bevor er selbst das Unternehmen verlässt. Keine einfache Aufgabe. Die Schauspieler beginnen mit der Show und bald kommt die erste Wortmeldung aus unserem Team. Der Kollege nimmt die Chefposition ein und darf versuchen, seinem Gegenüber die schlechte Nachricht schonend beizubringen. Als Zuschauer analysieren wir das Verhalten des Kollegen, während sich das gespielte Opfer wie ein Besessener verhält. Der Fertigungsleiter zieht alle Register, argumentiert mit den guten Geschäftszahlen seiner Einheit, jammert und droht. Eine echte Herausforderung für unseren Kollegen. Irgendwann wird der entnervte Chef von einem anderen aus unserem Team abgelöst. Wir spielen noch zwei weitere Fälle durch: „Verschiebung einer versprochenen Beförderung" und „Disziplinarische Maßnahme wegen Fehlverhaltens". Nach jedem Fall analysieren wir den Gesprächsablauf und diskutieren Stärken und Schwächen in der Argumentationslinie der Kollegen. Ein Heidenspaß mit viel Feedback und gutem Lerneffekt. Bis alle Teams durch die *„Tough Interviews"* geschleust sind, vergehen mehrere Wochen. Danach ist die Königsdisziplin der *Role Plays* angesagt: Pressekonferenz. Auch dafür erhalten wir Extra-Vorlesungen, die unsere Teammeetings weiter in den Abend hineinverlagern. Die täglichen Aufgaben werden dadurch noch effektiver erledigt.

Am Wochenende spiele ich wieder einmal ausgiebig Golf, bin aber innerhalb kürzester Zeit durchnässt und halb erfroren. Ich kann den Frühling kaum noch erwarten. Dann werde ich endlich auf den *Fairways* spielen und muss nicht mehr ausschließlich auf der *Driving Range* Bälle schlagen.

[07. 02. – 13. 02. 2000

Montagvormittags trifft sich der *Stream* zur Präsentation des *Operations-Management*-Projektes. Mein Team ist zuversichtlich, muss aber im Anschluss an eine mäßige Präsentation eine Menge unbequeme Fragen der anwesenden Professoren beantworten. Die Analyse unseres Themas war zu oberflächlich, darüber konnte auch unsere professionelle PowerPoint-Präsentation nicht hinwegtäuschen. Die Tiefgründigkeit wurde Opfer unseres vielleicht etwas zu stark effektivitätsgetriebenen Arbeitsstils. Einer unserer Vortragenden war zudem schlecht vorbereitet, er hatte am letzten Wochenende Wichtigeres zu tun: Rugby spielen.

Gesamtbewertung: unterdurchschnittlich schwach. Ich bin stinksauer. Nach dieser „kalten Dusche" haben wir nachmittags Krisenstimmung im Team. Wir analysieren die Schwachpunkte und alle sind über unseren eifrigen Rugby-Spieler verärgert. Seine Mitarbeit im Team wird während der nächsten Monate noch weiter abnehmen, Motivationsversuche verlaufen erfolglos. Der Student hat sich etwas unüberlegt in das MBA-Abenteuer gestürzt und versucht nun mit Minimalaufwand das Jahr zu überleben. Wir haben alle aus *Term* 1 gelernt und gehen besser mit solch einer Situation um: Nach mehreren ergebnislosen Versuchen sparen wir uns die Zeit für Moralpredigten und teilen die Arbeit unter den fünf Leuten auf, die Spaß am Lernen haben und in diesem besonderen Jahr gern etwas mehr Zeit in die Arbeit investieren. Wenigstens werden dadurch die Komitee-Entscheidungen noch einfacher zu treffen sein.

Parallel arbeiten wir mittlerweile an den *HR-* und *IT*-Projekten, diskutieren Zwischenstände der Recherche und der *Reports*. Hinzu kommt ein vermehrtes Auftreten von *„Monster Case Studies"*, die über 20 bis 30 Seiten unendlich viele Informationen enthalten. Auch hierfür haben wir im Team einen effektiven Prozess etabliert. Im Wechsel bearbeitet jeweils nur ein Student als *Lead Reader* eine *Case Study* intensiv, die übrigen Teammitglieder lesen den Text nur und machen sich Stichpunkte zur Lösung. Der *Lead Reader* trägt seine Ergebnisse im Team vor, die dann kurz diskutiert und gegebenenfalls mit neuem Input von den anderen Teammitgliedern optimiert werden. Danach erstellt er die Präsentation für die Vorlesung, verteilt Kopien im Team und trägt im *Stream* vor.

Nach einer anstrengenden Woche steht am Freitag wieder einmal ein *WAC* ins Haus, diesmal für *Macroeconomics*. Es ist wie immer eine spannende Angelegenheit. Die Ausgabe des Themas erfolgt wieder um 13:00 Uhr. Unser Job ist es, in den wenigen zur Verfügung stehenden Stunden die spanische Wirtschaftslage zu analysieren. Wir müssen die Gründe für die aktuelle Situation darstellen, Prognosen für die mittelfristige Entwicklung abgeben und Empfehlungen für eine Wirtschaftspolitik aussprechen, die Spanien bei niedriger Inflationsrate auf einem Wachstumskurs hält. Die Teamarbeit für die Analyse der *Case Study* verläuft erfreulich gut. Zunächst beschäftigen wir uns in Zweierteams mit dem Sammeln von Informationen. Um Doppelarbeit zu vermeiden, haben wir die Themenkreise und Informationsquellen unter uns entsprechend aufgeteilt. Nach einer Stunde präsentieren und diskutieren wir unsere Ergebnisse, filtern die wesentlichsten Themen heraus und bringen sie in Zusammenhänge. Alle arbeiten konzentriert und motiviert. Wir kommen rasch zu einem zufriedenstellenden Ergebnis und bereits um 19:00 Uhr sitze ich zu Hause und schreibe an meinem *Report*. So viel effektive Teamarbeit schlägt sich auch in der Beurteilung nieder: Wir erhalten alle eine Bewertung weit über dem Durchschnitt. Ein kleiner Trost für unser Versagen in *Operations Management*.

Der Sonntag reicht zum Erholen und Aufarbeiten der liegengebliebenen Aufgaben nicht aus, irgend etwas muss da zu kurz kommen.

[14. 02. – 20. 02. 2000

Donnerstag Abgabetermin des *HR-Reports* mit 4.000 Wörtern. Er hält uns die ganze Woche auf Trab. Es wird zu viel daran herumgeändert und gefeilt. Wie soll man auch über *Knowledge Management* so viel schreiben? Wir zitieren einige Abhandlungen, die wir in den vergangenen Wochen aus hunderten von akademischen Arbeiten destilliert hatten und spiegeln diese an den Prozessen einer Anwaltskanzlei in London, für die ein Teammitglied bis vor kurzem gearbeitet hat. Dann fügen wir noch Empfehlungen für Verbesserungen hinzu und garnieren es mit den acht Schritten für *Chance Management* von

Kotter. Daran arbeiten wir am Mittwoch noch bis spät in die Nacht und sind trotzdem mit unserem Ergebnis nicht zufrieden. Es wird eine typische „Last-Minute-Aktion" und ist weit entfernt von unseren Ansprüchen.

Sonntagnachmittag findet das jährliche internationale Festival am Campus statt. Studenten aus allen Studiengängen präsentieren ihr Heimatland. In zwei miteinander verbundenen Ballsälen stellen sich 37 Länder auf kleinen Ständen vor. Es werden typische Speisen und Getränke angeboten, Handarbeiten gezeigt sowie Broschüren und Souvenirs verteilt. Viele Studenten tragen ihre Landestracht, spielen Folkloremusik und führen Tänze vor.

Wir sind mit unserem Deutschland-Österreich-Schweiz-Stand gut vertreten. Die Vorbereitungen waren zwar aufwendiger, als wir gedacht hatten, brachten aber auch eine Menge Spaß. Von den Botschaften, Kulturorganisationen und Firmen unserer drei Länder wurden wir großartig unterstützt. Die Requisiten und Sachspenden waren in London abzuholen oder wurden uns mit der Post zugeschickt. Der Andrang der Besucher von den umliegenden Städten und Dörfern ist so groß, dass sich innerhalb weniger Minuten die Säle füllen. Sie kennen das alljährliche Spektakel und wahrscheinlich ist es das größte Ereignis dieser ländlichen Gegend. Wann hat man schon einmal die Gelegenheit, von einem derart vielfältigen Büfett internationaler Spezialitäten bis zum Abwinken zu essen. Unsere Mühe hat sich gelohnt. Neben Länder- und Reiseinformationen verteilen wir Berge von Würstchen mit Kartoffelsalat, Leberwurst auf Schwarzbrot, österreichische Sachertorten und Waffeln, Schweizer Käse und Pflaumenschnaps sowie verschiedene Sorten Wein aus allen drei Ländern. Ursprünglich glaubten wir, dass es für all dies nicht ausreichend Interessenten gäbe, doch nach drei Stunden ist nichts mehr übrig. Viele Leute stellen Fragen zu Ländern, Urlaubsorten und vor allem zu den verwendeten Rezepten unserer angebotenen Kostproben. Abwechselnd verlassen wir unseren Stand und sehen uns in den Sälen um. Die Stimmung und Begeisterung der Studenten, die als Aussteller beteiligt sind und immer wieder für Gruppenfotos Aufstellung nehmen, ist unbeschreiblich. Eine Vielfalt von gleich gesinnten, gut gelaunten jungen Menschen aus aller Welt auf engstem Raum. Die Eindrücke dieses Festivals gehören zu meinen wertvollsten dieses Jahres. Eine schöne Teamleistung.

[21. 02. – 27. 02. 2000

Am Dienstag von 19:00 Uhr bis 20:00 Uhr haben wir eine Zwischenprüfung in *Financial Management*. Das kann uns in *Term* 2 nicht mehr schockieren. Ich sitze wieder einmal mit 100 Studenten dicht gedrängt im Vortragsraum 29 und schreibe, was das Zeug hält. Zu beantworten sind zwölf Fragen, die meist irgendwelche *Cash-Flow*-Ansätze benötigen, um Investitionsentscheidungen treffen zu können bzw. zusätzlich auch Bilanzanalysen für Kreditentscheidungen erfordern. Alles logische Zusammenhänge, deren Ergebnisse sich mit den uns zur Verfügung stehenden Tools leicht ermitteln lassen.

Ein weiterer Höhepunkt in dieser Woche ist am Mittwochabend eine rund einstündige Debatte zweier Professoren, über die europäische Währungsunion: „Soll England der EWU beitreten oder nicht?" Fast alle Studenten und eine Reihe von Gästen sind im größten Vortragssaal der *Business School* erwartungsvoll versammelt. Die Diskussion wird dabei mit einer Frage aus dem Publikum angereichert, ob für Großbritannien die Mitgliedschaft in der Europäischen Union eigentlich noch nützlich oder eher schädlich sei. Ich bin überrascht über die für mich befremdlichen Ansichten, die einer der Professoren, ein konservativer Hardliner, über Englands Nachteile in der EU äußert. Aber das ist eine der Besonderheiten, die ich an der Universität, im Vergleich zum wirklichen Leben, so sehr schätze: Unterschiedliche Ansichten, auch wenn sie noch so konträr sind, werden respektiert und auf einer sehr sachlichen Ebene diskutiert. Es gibt eben nicht nur eine richtige Lösung, nicht schwarz oder weiß.

Donnerstag ist Abgabetermin für unsere individuellen *Information Systems Reports* und am Freitag steht dann das *WAC* für *Financial Management* an. Dies wäre nur halb so schlimm, wenn wir nicht mit so vielen Dingen gleichzeitig belastet wären und die Abgabetermine nicht derart eng zusammenliegen würden. Zumindest ist es für mich und einhundert weitere Studenten das letzte *WAC!* Die beiden anderen *Streams* werden erst in drei Wochen so weit sein, also viel näher an den Prüfungen und in einer Zeit, in der ohnehin Berge von Arbeit zusammenkommen werden.

Die *WAC Case Study* besteht aus zwei Textseiten und sechs Seiten Bilanz, Ergebnisrechnung, Budgetplanung und verschiedenen Daten über Lagerhaltung etc. Eine Firma kann ihren Bankkredit nicht mehr zurückzahlen und hat bereits mehrfach um Aufschub gebeten. Unsere Aufgabe ist es, als Vertreter der Bank die finanzielle Situation der Firma zu analysieren und Lösungswege aus dem Problem zu erarbeiten. Die Frage dabei ist: Wie bekommt die Bank ihr Geld zurück? Ein sehr realistisches und spannendes Thema. Wir sind froh, dass wir die *WAC*-Plage nach diesem Wochenende endgültig los sind. Entsprechend motiviert geht unser Team an die Aufgabe heran, nach dem Motto *„quick and dirty“*. Keine langen Diskussionen am Nachmittag, sondern konzentriertes Arbeiten. Rasch nach Hause und den Bericht schreiben. Gegen 22:00 Uhr ruft mich ein Kollege an und weist mich auf einen falschen Ansatz in unserer Finanzanalyse hin. Nachdem auch der Rest des Teams informiert wurde, treffen wir uns zu dritt im Computerstudio und überarbeiten unsere Analyse entsprechend den neuen Erkenntnissen. Dadurch ändern sich auch unsere Empfehlungen für die Lösung. Um 01:15 Uhr nachts haben alle Teammitglieder die neuen Ergebnisse und können mit dem Schreiben ihrer *Reports* fortfahren. Wir schaffen alle die Abgabe bis Samstag 20:00 Uhr, auch wenn es für zwei aus unserem Team etwas knapp wird.

Die *WAC*-Party am Samstagabend hat einen außergewöhnlichen Höhepunkt: Es wird eine Versteigerung durchgeführt. Auf Initiative einiger MBA-Studenten, die diese Aufgabe ehrenamtlich übernommen haben, wird traditionell eine Hilfsorganisation unterstützt. Die Aktion steht im Zusammenhang mit dem London-Marathon im Mai. Ausgerufen werden Bilder, Wein, Reisen und allerlei Dinge, die von Studenten und Professoren gestiftet wurden.

Tatsächlich entpuppt sich einer der Studenten als wahres Moderatorentalent und schafft es, das müde Publikum gnadenlos zu motivieren. Den guten Zweck im Hinterkopf, bieten die Studenten für Dinge wie Amateurfotografien, ein Wochenende in einem Farmhaus, den Besuch einer Show und selbst für eingemachte Marmelade horrende Summen.

In den Wochen vor der Auktion waren so viele Angebote eingegangen, dass für einen Teil nur schriftlich an einer Wandtafel geboten werden kann. Allein an diesem Abend kommen über 5.000 Pfund zusammen. Insgesamt können für die Hilfsorganisation bis Mai, einschließlich mehrerer Firmenspenden, über 15.000 Pfund eingenommen werden.

Durch die „Schnäppchenjagd" ist die Stimmung angeheizt und wir gehen nahtlos in ausgelassenes Tanzen bis in den frühen Morgen über. Um 4:00 Uhr falle ich tot ins Bett, wohl wissend, dass diese Tage des MBA-Studiums unwiederbringlich sind. Jeder einzelne Tag ist etwas Besonderes. Die Party lässt mich den halben Sonntag verschlafen, doch ich bereue nichts, gehe zum Golfspielen und streiche einige Punkte von meiner Agenda. Keine Vorbereitung für Montag, irgendjemand vom Team wird schon etwas gemacht haben.

[28. 02. – 05. 03. 2000

In *Term* 2 läuft vieles anders als im ersten *Term*. Bei den meisten Studenten ist die anfängliche Euphorie verflogen. Man kennt den Ablauf und es stellt sich dadurch ein gewisser Wiederholungseffekt ein. Der starre Lehrplan verläuft im gleich bleibenden Rhythmus wechselnder Vorlesungen und Teammeetings und lässt kaum individuellen Freiraum. Es ist ein gemeinsames Verständnis von Managementgrundlagen und Teamarbeit entstanden. Wir haben uns einen einheitlichen Sprachgebrauch zugelegt und gehen etwas gelassener mit den verschiedenen Anforderungen und der Belastung um. Trotzdem hat sich in den letzten Wochen im Team ein schärferer Ton eingeschlichen und leichte Zersetzungserscheinungen werden spürbar. Durch das Familienbild verläuft ein sichtbarer Sprung. Die großen Unterschiede der sechs starken Persönlichkeiten treten mehr in den Vordergrund. Dadurch gibt es wachsende Uneinigkeit bei allen erdenklichen Situationen der Zusammenarbeit. Natürlich möchte sich auch in *Term* 2 noch kein MBA-Student von einem anderen etwas sagen lassen. Hinzu kommt, dass durch den gestiegenen Druck auch das Zeitmanagement des Teams zu leiden beginnt und von Einzelnen nur noch wenig Energie in die Teamarbeit investiert wird. Die Off-Campus-Studenten fahren Freitagmittags zu ihren Familien und geben den MBA-Aufgaben in dieser Zeit Priorität zwei. An den Wochenenden erfolgt deshalb die Projektarbeit und die Abstimmung meist nur von dem Teil der Studenten, der am Campus wohnt. Wichtige Generalproben von Präsentationen im gesamten Team fallen gänzlich aus. Durch diese Konstellation haben sich in den vergangenen Wochen zwangsläufig wiederholt die gleichen Arbeitsgruppen und auch Meinungsblöcke gebildet. Das geht so weit, dass wir Teammeetings mit allen sechs Studenten auf ein Minimum reduzieren und immer häufiger in Dreierteams arbeiten.

Hilfe wird unter den Studenten groß geschrieben. Besonders stark unterstützen sich die Studenten, die am Campus wohnen, ist doch die Lebenssituation für sie fernab von Freunden und Familie ungleich schwieriger. Eine Schweizer Familie hat kürzlich gleich zweifachen Nachwuchs erhalten. Über mehrere Wochen werden sie reihum von nahe wohnenden Paaren mit Abendessen versorgt. Dies ist nicht nur eine willkommene Hilfe für die junge, gestresste Mutter, sondern sichert auch einen abwechslungsreichen Speiseplan mit Gerichten aus aller Welt. Auch meine Frau macht mit und spielt *„Home Service"*.

[06. 03. – 12. 03. 2000

Pressekonferenz, der schwarze Montag des Jahres. Wir sollen als Vorstände einer Firma in einer akuten Krisensituation einer Reportermeute Rede und Antwort stehen. Die Journalisten sind von der Schule extra für diese Veranstaltung von verschiedenen englischen Zeitungen angeheuert worden. Um das Gefühl der Realität noch zu verstärken, müssen wir in Business-Kleidung erscheinen. Die Krisenfälle sind in der Vergangenheit tatsächlich passiert, Personen und Firmennamen wurden aber verändert. Da geht es zum Beispiel um Flugzeugabstürze oder Unfälle mit gefährlichen Stoffen, Vorfälle, bei denen Personen zu schaden kamen und die deshalb besonders kritisch sind.

Mehrere Vorlesungen in den vergangenen Wochen hatten uns darauf vorbereitet und nun können wir zeigen, was wir drauf haben. Morgens um 10:00 Uhr erhält mein Team die *Case Study*. Ein *Crisis Pack* mit über 40 Seiten! Wir haben eine Stunde Zeit, uns auf die ca. 45 Minuten dauernde Pressekonferenz vorzubereiten.

Unsere Krise ist vielschichtig. Wir sind als führendes Einzelhandelsunternehmen in eine Reihe von Skandalen verwickelt: Es wurden verdorbene Lebensmittel verkauft, die in unserem Hause widerrechtlich umdatiert wurden, ein Vorstandsmitglied hat Insidergeschäfte an der Börse gemacht und darüber hinaus schreibt das Unternehmen tiefrote Zahlen.

Die Rollen für CEO, CFO usw. sind schnell verteilt und wir stürzen uns in den Papierwust unseres *Crisis Packs*. Die Auflage, dass wir keine Kopien anfertigen dürfen, erschwert das Lesen und die Informationsbeschaffung im Team. Damit sollen wohl die in solch einer Situation üblichen Kommunikationsschwierigkeiten simuliert werden. Wir kämpfen uns durch eine hektische Vorbereitungsphase, in der wir die einzelnen Seiten überfliegen und reihum weiterreichen. Es bleibt nicht viel Zeit für tiefgründige Analysen. Schnelle Notlügen und vor allem pressetaugliche Erklärungen sind gefragt. So denken wir uns für jedes Problem eine passende Lösung aus und vereinbaren, wer von uns zu den einzelnen Themenkreisen Stellung nehmen wird. Diesen paar Lokalreportern werden wir es schon zeigen!

Doch die harte Wirklichkeit sieht anders aus. Die Journalisten zerfleischen uns. Sie provozieren mit persönlich angreifenden Fragen, die nichts mit der eigentlichen Krise zu tun haben. Sie schreien durcheinander und warten scheinbar nicht einmal auf Antworten. Sie fordern lückenlose Aufklärung und Rücktritte. Im Hintergrund läuft auf einem Monitor CNN zur Ablenkung. Plötzlich ist es sehr heiß im Raum. Wie war das noch mal? Wie sollten wir uns in so einer Situation verhalten?

Einige von uns sind so verblüfft, dass sie in der Aufregung in die Fallen tappen. So streut ein Journalist ein, dass er eine weitere pikante Information zum Thema hat. Unser CEO greift das Thema auf und gibt, in der Annahme, dass die Angelegenheit ebenfalls irgendwo im *Crisis Pack* erwähnt war, beschwichtigende Erklärungen ab. Der Journalist hatte jedoch schlicht gelogen. That's real life! Nach der nur 30 Minuten dauernden Folter sind wir völlig am Ende und brauchen ein paar Minuten, bis wir in der Lage sind zu reflektieren. Wir erhalten danach von den Journalisten sofort Feedback zu unserer Performance und wertvolle Hinweise über Tricks und Fallen im Journalismus. So erfahren wir aus erster Hand, was wir in den Vorlesungen noch nicht gehört hatten. Ein großartiger Lernprozess!

Einige Wochen später werden wir uns im Team die Videoaufnahmen unserer Pressekonferenz ansehen und uns über unsere Stellungnahmen kaputtlachen. Wir erkennen aber auch nachteilige Verhaltensweisen vor der Kamera, auf die wir in Zukunft achten müssen. Zusätzlich nimmt die schriftliche Bewertung unseres Presseauftritts, die wir später erhalten, nochmals zu verschiedenen Reaktionen detailliert Stellung.

Erste Ausläufer der Jobsuche waren bereits ab Anfang des Jahres zu spüren. Das Sponsoring meiner Firma hält mich nicht davon ab, aktiv nach möglichen Alternativen Ausschau zu halten. Das MBA-Studium bietet einen einzigartigen Zugang zu potentiellen Firmen, den man nicht ungenutzt lassen darf: *Career Office,* Jahrbuch, Firmenvorträge am Campus und Jobmessen. Durch die Gespräche mit anderen Firmen möchte ich meinen Marktwert ermitteln, um mit geeigneten Benchmarks meine Bedingungen beim aktuellen Arbeitgeber zu überprüfen. Sollte ich von einer anderen Firma tatsächlich einen interessanten Job mit außergewöhnlichen Bedingungen angeboten bekommen, würde ich notfalls das Sponsoring zurückzahlen. Nach dem Besuch verschiedener Firmenpräsentationen im Januar und Februar habe ich mich zur Verbesserung meiner Interviewtechnik bei einigen Firmen beworben. Die Vorstellungsgespräche nach dem Studium sind lange her und lassen mich heute an ihrer Professionalität zweifeln. Während der letzten Jahre saß ich dann auf der anderen Seite des Schreibtisches und auch dafür kann ich hier viel Neues lernen. Besonders beeindruckt bin ich von den professionellen *Recruitment*-Prozessen der *Consulting*-Firmen. In einer Reihe von Interviewrunden mit unterschiedlichen Techniken werden sowohl individuelle Kenntnisse, Persönlichkeitswerte als auch Teamfähigkeit abgeklopft. Jede Firma, jedes Interview gibt mir Gelegenheit, mein Auftreten und meine Story besser abzustimmen. Dabei spiele ich den ganzen Reigen durch: von arrogant bis zurückhaltend. Aber ganz verstellen kann ich mich auch nicht. Meine anfänglich überwiegende Arroganz wird mit einer Reihe rascher Absagen belohnt. Jetzt im März habe ich ein schön entwickeltes Interviewprodukt und das werde ich im zweiten Halbjahr ab April vermarkten. Die nächsten Wochen bis zu den Examen lassen mir ohnehin wenig Freiraum für die Jobsuche.

Gegen Ende der Woche verfällt das Team in heftige Diskussionen über die Aufgabenverteilungen. Schnell bilden sich zwei Lager und wir enden in unproduktivem *Powerplay*, fast wie im *real business*. Als sich am nächsten Tag die Gemüter beruhigt haben, beschließen wir für alle zukünftigen Aufgaben die Spaltung des Teams in zwei

Dreiergruppen. Das spart Ärger, Stress und Zeit in dieser schwierigen Phase.

Samstag locken uns erstmals frühlingshafte Temperaturen in einen nahe gelegenen Wildpark. Endlich kann ich wieder einmal einen Tag mit meiner Frau verbringen. Der Ausflug ist herrlich und gibt uns einen Vorgeschmack auf das „normale Leben" mit freien Wochenenden. Muss das schön sein! Da ich bis zu den Ferien noch zwei Wochen durchhalten muss und fünf Examen vor mir liegen, brauche ich dringend diese Pause zum Auftanken.

Am Sonntag laden wir zwei Freunde und meinen *WAC-Buddy* zum Abendessen ein. *Networking* ist während des MBA-Studiums wichtig, besonders für die Jahre danach.

[13. 03. – 19. 03. 2000

Dienstag muss die Gruppenpräsentation für *Information Systems* gehalten werden, die für das Team 30 Prozent zählt. Weitere 20 Prozent werden entsprechend der individuellen Leistung bei der Beantwortung kritischer Fragen der Professoren in die Note einfließen. Es ist die letzte Bewertung vor den Examen in der nächsten Woche. Wir sollen als Beraterteam dem Top-Management einer Einzelhandelskette eine geeignete *IT-Strategy* vorstellen, vom *Strategic Intent* über den Nachweis der Wirtschaftlichkeit bis hin zu konkreten Realisierungsschritten und Empfehlungen für Personalentscheidungen. Dabei darf eine Untersuchung von *E-Commerce* als potentiellem Absatzkanal nicht fehlen.

Die Schwierigkeiten im Team färben auf die Arbeitsergebnisse ab. Noch am Montag, einen Tag vor der Präsentation, tauschen wir die Vortragenden aus und werfen die *Storyline* komplett um. Das beschäftigt uns bis spät in die Nacht. Letztendlich verläuft die Performance ganz gut. Die individuellen Fragen werden jedoch jenen Studenten zum Verhängnis, die sich bei der Vorbereitung ausgeklinkt hatten und andere Aktivitäten bevorzugten.

Die folgenden Tage stehen ganz im Zeichen der Prüfungsvorbereitung. Mein Dreierteam trifft sich am Samstag, um gemeinsam durch die wichtigsten Themen zu gehen. Es wird 23:00 Uhr, bis wir nach Hause kommen.

Sonntag sehe ich mir nur ganz gezielt einzelne Schwerpunkte von den Prüfungsfächern an. Den restlichen Tag verbringe ich mit meiner Frau in der Natur. Wir wandern durch den weitläufigen Park von Woburn Abbey. Die Bäume stehen jetzt voll in Blüte und wirken wie überladene Kunstwerke. Die kräftige Sonne gibt mir viel Energie und ich kann mir sogar wieder vorstellen, in den nächsten drei Tagen fünf Prüfungen zu überleben.

20. 03. – 26. 03. 2000

Prüfungszeit! Keiner will es offen zugeben, doch aufgeregt ist jeder. Im Laufe von *Term* 2 hat sich ein zunehmender Wettbewerb unter den Studenten entwickelt. Es geht um Bewertungen und Titel wie „Bester Student des Jahrgangs" oder „Student mit der größten Chance eine Top-Management-Position zu erreichen". Hinzu kommen Geldpreise, meist von Beraterfirmen gestiftet, für das erfolgreichste Team in *Term* 1 und *Term* 2 sowie für ausgewählte Einzelprojekte. MBA-Studenten sind ehrgeizige Menschen, sonst wären sie kaum bereit, ein Jahr wie dieses auf sich zu nehmen und dafür noch hohe Studiengebühren zu bezahlen.

Angeheizt wird der Wettbewerb auch durch das „große Märchenbuch". Wenn man es liest, glaubt man, es uneingeschränkt mit super-erfolgreichen Managern zu tun zu haben. Und jeder sieht gern, dass er noch besser ist. Heute sind alle gleich, es zählt kein Lebenslauf, nur Leistung.

Am Morgen drei Stunden *Finance*-Prüfung, nachmittags zwei Stunden *Operations Management*. Für *Finance* müssen wir ohne Auswahl fünf Fragen zu einer vierseitigen *Case Study* beantworten. Für eine mittelständische, börsennotierte Hightechfirma sind die Finanzkennzahlen zu analysieren und die Kapitalkosten zu ermitteln. Daraus sind Empfehlungen für ein passendes Finanzierungsmodell abzugeben und dessen Einfluss auf die Kapitalstruktur und auf andere Kennzahlen der Firma darzustellen.

Operations Management lässt uns wählen: Drei von vier Fragen sind zu beantworten. Grundlage ist eine 22-seitige *Case Study* über einen Nischenhersteller in der Automobilindustrie, die wir eine Woche vor dem Examen erhielten. Die Fragen kannten wir natürlich nicht. Im Examen ist die Performance der Firma zu evaluieren, auf Basis von Fertigungskennzahlen einzelner Prozessschritte wie maximale Kapazität, Auslastung und so weiter. Darauf basierend sind Empfehlungen sowohl für die laufende Produktion als auch für eine geplante Erweiterung abzugeben. Wir müssen das *Supply Chain Management* der Firma untersuchen und Maßnahmen zur Verbesserung ausarbeiten. Nur eine der vier Fragen befasst sich nicht mit unserem Autohersteller, sondern mit einer expandierenden Service-Firma, für die wir ein *Operations*-Konzept erstellen sollen.

Dienstag früh stehen drei Stunden *Macroeconomics* mit fünf Fragen von zehn an, nachmittags drei *Stunden Human Resources Management* mit drei Fragen ohne Wahlmöglichkeit. Die Aufgaben beschäftigen sich mit so interessanten Themen wie Deregulierung auf dem Finanzsektor, Steuerungsmechanismen für Inflation und Deflation, WTO und *GATT*, EU-Binnenmarkt und gemeinsame Währung sowie der asiatischen Währungskrise in 1997. *Macroeconomics* war für mich eines der spannendsten Fächer in *Term* 2 und so fällt mir die Auswahl leicht.

Im Examen von *Human Ressource Management* analysieren wir anhand einer zweiseitigen *Case Study* die Situation eines kürzlich realisierten Firmenzusammenschlusses. Welche Einflüsse haben die beiden unterschiedlichen Firmenkulturen? Wie wurde im bisherigen Integrationsprozess mit den Mitarbeitern umgegangen? Welche Rolle soll die HR-Organisation im weiteren Prozess spielen? Zur Beantwortung dieser Fragen und zur Lösung der offensichtlichen

Probleme der Firma ist ein entsprechender Aktionsplan zu erstellen mit detaillierter Beschreibung und Begründung der vorgeschlagenen Maßnahmen.

Mittwoch kommen dann vier Stunden *Strategic Management* auf uns zu, von 09:00 Uhr bis 13:00 Uhr. Wir erhalten nur eine Aufgabe: die Evaluierung der Strategie einer Firma in der Lebensmittelindustrie und die Ausarbeitung von Empfehlungen. Klingt einfach, ist aber umfangreich. Die *Case Study* besteht aus zwanzig Seiten und informiert über alles, was für die Analyse und die Erarbeitung einer Strategie wichtig ist: konjunkturelle Situation, Produkte, Markt, Wettbewerber, Firmenphilosophie, bisherige Erfolgsfaktoren etc. Wir erhalten eine Stunde Zeit zum Lesen der *Monster Case Study*. Erst ab 10:00 Uhr dürfen wir mit der eigentlichen Arbeit in den Antwortheften beginnen. Sowohl das Lesen als auch die Aufgabe ist in den vorgegebenen Zeiträumen gut zu schaffen. Der tägliche Leseaufwand der vergangenen sechs Monate hat uns zu Profilesern gemacht. Ein interessantes Examen, das den Spaß bietet, als CEO für vier Stunden die Geschicke der Firma in den Händen zu halten, wenn auch nur virtuell.

Nach der fünften Prüfung sind wir alle geschafft und brauchen den Nachmittag zur Erholung. Denn bereits für den Abend ist die *„End of Term 2 Party"* angesetzt und die darf nicht verpasst werden. Nach nur wenigen Stunden sind alle wieder wohlauf. Es erwartet uns ein MBA-Kabarett mit anschließender Disco. Eine Reihe Studenten und Partnerinnen hat verschiedene Vorführungen einstudiert. Ich frage mich wirklich, wie sie in den letzten Wochen die Zeit dazu finden konnten. Einige Teams scheinen doch noch ganz gut funktioniert zu haben.

Es wird gesungen, allein und im Chor, Sketche werden vorgespielt, Videos gezeigt und getanzt. Wir bewundern bühnenreife Klavier- und Saxophonsoli. Die abgeschlossenen Prüfungen und die bevorstehenden Ferien erzeugen eine unbeschwerte und ausgelassene Stimmung, so wie schon nach *Term* 1 – unvergleichbar und unwiederbringlich. Das Kabarett heizt die Stimmung für einen langen Tanzabend an. Am nächsten Morgen fliege ich mit meiner Frau für zwei Wochen zurück nach Deutschland.

27. 03. – 09. 04. 2000

Die Ferienzeit ist mit Familienbesuchen gefüllt. Es tut gut, nach den drei Monaten „Dauerbeschuss" und Campusleben mal wieder etwas anderes zu sehen. Die ganz normalen Gespräche mit Eltern, Tanten und Neffen ohne *Strategic Intent* und *Added Value* wirken fremd auf mich und sind zugleich entspannt. Wir sitzen in gemütlicher, vertrauter Runde um den Wohnzimmertisch. Die Themen drehen sich um die üblichen Dinge: Neuigkeiten, Urlaubsfotos, Enkel. Eine Nichte kam im Herbst aufs Gymnasium und hat lauter Einsen. Ich krame in meinen *MBA-Buzz-Words*, halte mich dann aber zurück und male mir in meinen Gedanken eine interessante Laufbahn für sie aus. Was für ein Managementpotential sie wohl hat? Und ob sie später ein Kandidat für ein MBA-Programm sein könnte? Verrückte Ideen. Ich fühle mich, als hätte ich in dem halben Jahr in Cranfield eine Gehirnwäsche bekommen und brauche einige Tage, um wieder ein normaler Mensch zu werden. Kein Zeitdruck, kein Team, keine Beurteilung!

5 Recht auf Selbstbestimmung – Making Managers

Zweiter Teil des Studiums. Eine neue Zeitrechnung beginnt. Wir werden im kommenden Halbjahr ausreichend Gelegenheit haben, die in *Term* 1 und 2 erworbenen Managementgrundlagen bei zahllosen Vorlesungen, *Case Studies* und Projekten anzuwenden.

Den ersten sechs Monaten Kaderschmiede in starren Abläufen, „Zwangsteamarbeit" und eingeschränkter Selbstbestimmung folgt die *Making Managers*-Phase: ein aus Wahlfächern und Projekten individuell zugeschnittenes Programm mit wechselnden Teams, vielen persönlichkeitsbildenden Veranstaltungen und aktiver Jobsuche. Wer bei dem Studium so weit kam, wird es auch bis zum Ende schaffen.

Wir alle freuen uns auf ein Stück wiedergewonnene Freiheit. Von den insgesamt 20 *Credits*, die im zweiten Teil des Studiums in *Term* 3 und 4 erworben werden müssen, decken vier die Pflichtfächer *Business Law, Business Start-up* und *Managing Strategy and Strategic Change* ab. Die restlichen 16 sind durch Wahlfächer und Projekte zu erwerben, für die wir uns Ende Januar entschieden hatten. In den vergangenen Monaten gab es vielfältige Änderungswünsche der Studenten, denen die Schule bereitwillig folgte, so dass fast jeder Student am Ende genau die Fächerkombinationen erhalten hatte, die er anstrebte. Die *E-Commerce*-Vorlesungen sind so populär, dass kurzerhand ein zweiter Kurs eröffnet wird. Keinem soll der Weg zum Internetmillionär versperrt bleiben.

Der Stundenplan der kommenden Monate zeigt die Flexibilität, die uns erwartet, aber auch den hohen Aufwand, der für die *School of Management* dahinter steckt. Bei der Organisation der Kurse sind vielschichtige Anforderungen zu verbinden: Terminpläne der ordentlichen Professoren und Gastprofessoren, Belegung der vorhandenen Vorlesungsräume mit unterschiedlichen Klassengrößen entsprechend des Interesses der Studentenschaft und eine anhaltende Flut von Änderungswünschen der Studenten, die erst gegen Anfang von

Term 4 enden wird. Mit erstaunlicher Professionalität und schier unendlicher Geduld meistert die Schule diese logistische Herausforderung.

Eine Gruppe von ca. zehn Studenten hat sich zu einem Austauschprogramm mit Partneruniversitäten in China, Frankreich und Spanien entschlossen. Der Großteil geht im *Term* 4 nach Shanghai. Die Beweggründe dafür sind unterschiedlich. Einige möchten die Gelegenheit nutzen, mehrere Monate in Asien zu leben, andere suchen an dem neuen Standort gezielt nach Jobs. Umgekehrt kommen insgesamt etwa 20 Studenten von MBA-Programmen verschiedener Partneruniversitäten aus China, Frankreich, Dänemark und den USA nach Cranfield. Ich entscheide mich letztlich gegen ein Austauschprogramm, da die infrage kommenden *Business Schools* in internationalen *Rankings* hinter Cranfield rangieren und teilweise erheblich niedrigere Studiengebühren verlangen. Ich will nicht für ein erstklassiges Programm bezahlen und ein anderes besuchen. Die Schule in Sydney, an der ich ursprünglich interessiert war, bietet zudem ihr MBA-Studium nur als *Parttime*-Programm an und das Durchschnittsalter ist wesentlich niedriger. Da kapitalisiere ich lieber die hohen Studiengebühren in Cranfield und bleibe hier. Meine Fächerauswahl konzentriert sich auf Vorlesungen in *Finance, Economics, Entrepreneurship* und *Managing Strategic Change*. Damit möchte ich meine *General-Management*-Fähigkeiten verbessern und ein Gegengewicht zu meiner technischen Ausbildung und Berufserfahrung schaffen. Auf Projekte verzichte ich weitgehend. Ich ziehe es vor, während meines einjährigen Berufsausstieges in den Vorlesungen der hochkarätigen Professoren so viel theoretischen Input wie möglich zu tanken. Für die praktische Anwendung werde ich in meinem nächsten Job ausreichend Gelegenheit erhalten.

Mein Alltag sieht in den nächsten sechs Monaten so aus, dass ich an fünf Tagen der Woche zwischen zwei und sechs Vorlesungen habe. Nur wenige Tage bleiben komplett frei. Hinzu kommen mehrere Wochenendkurse, die notwendige Vorbereitung auf die Vorlesungen und die Ausarbeitung von *Reports*, die meist einige Wochen nach Abschluss der jeweiligen Wahlfächer fällig sind.

Im *Business Start-up*-Kurs müssen wir einen Businessplan für eine innovative Geschäftsidee erstellen. Er soll mit dem Team aus *Term 2* entwickelt werden. Um unsere Teilung aufrechtzuerhalten, melden wir zwei umsetzungswürdige Ideen an. Man gestattet uns das und so können wir in den effektiveren Dreierteams weiterarbeiten. Wir sind nur ein Team von vielen, das diesen Weg wählt. Einige Studenten aus unterschiedlichen *Streams* bilden sogar völlig neue Teams. Die Schule kommt all unseren Wünschen nach und unterstützt unseren Ideenreichtum und Unternehmergeist. Offensichtlich ist sie mit der Teammüdigkeit nach *Term 2* seit vielen Studentengenerationen gut vertraut.

Als weit gereiste Hotelmanager, General Manager und Selbständiger stellen wir ein luxuriöses Travelkonzept auf die Beine, das all die Wünsche erfüllen soll, die uns auf bisherigen Reisen verwehrt blieben. Ein exklusiver Club wird mit viel persönlicher Betreuung seinen Mitgliedern nicht nur den lästigen Auswahl- und Buchungskram abnehmen, sondern auch ungezwungene *Networking*-Plattformen bieten, die für Manager immer wichtiger werden. In nur wenigen Meetings produzieren wir mit einem guten Aufwand-Nutzen-Verhältnis ein akzeptables Geschäftskonzept, das wir mit einer professionellen Präsentation einem Plenum aus Professoren und *Venture Capitalis* vorstellen. Zugegeben, wir alle haben andere berufliche Ziele und nie wirklich daran gedacht, diese Geschäftsidee umzusetzen. Dementsprechend können wir auch bei der Präsentation mit echten *Start-up*-Kandidaten nicht mithalten. Diese Leute hatten unvergleichlich mehr Aufwand in ihre Arbeit gesteckt. Verständlich.

Die am meisten gefeierten *Start-up*-Ideen sind *E-Commerce*-Vorhaben, ganz im Geiste des noch anhaltenden Internet- und Börsenbooms. Aus den besten Arbeiten werden in Präsentationswettbewerben über mehrere Runden vier gründungswillige Teams ausgewählt, die über den kürzlich etablierten universitätseigenen *Business*

Incubator „Cranfield Creates" die Chance erhalten, ihre Projekte mit Hilfe der *School of Management* zu realisieren. Dabei erhalten sie breit angelegte Unterstützung, angefangen von Büroräumen über Rechtsberatung, *Website creation* bis hin zu Empfehlungen an *Venture Capitalis.*

Die Studenten der Gründerteams passen ihre Fächerauswahl entsprechend an und nehmen überwiegend *Credits* für freie Projektarbeit. Fortan sieht man sie noch etwas hektischer durch die Uni laufen und nur selten bei geselligen Freizeitveranstaltungen. Schade für einige Studenten, dass sie sich viele hochwertige Vorlesungen und so manche unvergessliche Party entgehen lassen müssen, denn die DOT.COM-Krise macht leider auch vor Cranfield nicht halt. Das erste Team gibt im Juli auf, das zweite mit Ende des Studiums im September. Eine normale Sterberate in *Business Incubators.* Wenn einer von zehn *Start-ups* fliegt, dann ist das ein guter Erfolg. Nächstes Jahr werden wieder neue Geschäftsideen mit hohem Erfolgspotential hinzukommen.

Projekte sind eine andere Möglichkeit, in *Term* 3 und 4 nahe am *„real business"* zu arbeiten. Sie werden unter der Aufsicht *consulting*-erfahrener Professoren bearbeitet. Meist sind es kleinere, übersichtliche Aufträge, die von britischen und internationalen Firmen an die Universität herangetragen werden. Es handelt sich dabei aber nicht um so heiße Themen wie Akquisitionen oder *Turnarounds.* Dafür würde die zur Verfügung stehende Zeit nicht reichen.

Zu Beginn von *Term* 3 steht ein bunter Reigen aus Projektbeschreibungen zur Verfügung, in einem Katalog übersichtlich zusammengefasst. Von Marktstudien über IT-Lösungen und HR-Konzepten bis hin zu umfassenden *Business Checkups* ist alles dabei.

Der Ablauf von Projekten stellt sich im Wesentlichen so dar: Nach einer ersten Bestandsaufnahme im Unternehmen und der Untersuchung von *Benchmarks* aus der Industrie werden unter Anwendung der in *Term* 1 und 2 vermittelten Theorien die Fakten analysiert, Schlüsse gezogen und konkrete Vorschläge für Maßnahmen erarbeitet. Den Abschluss bildet ein *Consulting Report* und eine Präsentation der Ergebnisse in den Räumen der Firma unter Anwesenheit des betreuenden Professors. Mit diesen MBA-Projekten erhalten Firmen zu moderaten Kosten professionell ausgearbeitete Lösungsvorschläge für ihre Sorgen. Eine mögliche finanzielle Vergütung müssen die Studenten direkt mit der beauftragenden Firma verhandeln, die sich dabei meist von ihrer sparsamen Seite zeigen.

Die Projekte bieten für die Studenten gute Möglichkeiten, erste Erfahrungen im *Consulting* zu sammeln oder Einblicke in neue Branchen zu erhalten, in denen einige später arbeiten möchten. Je nach Arbeitsaufwand kann ein einzelnes Projekt bis zu maximal drei *Credits* pro Student belegen. Ein *Credit* entspricht einem Aufwand von einer Arbeitswoche. Um eine Aufgabenstellung brauchbar zu recherchieren und aufzubereiten, kommen schnell neun bis zwölf *Credits* zusammen, die in kleinen Teams abgearbeitet werden.

Eines der populärsten Projekte mit hartem Auswahlverfahren ist ein *HR-Consulting*-Auftrag für eine Unterorganisation der UNO. Durch Einzelinterviews wird ein Team, bestehend aus vier international erfahrenen Managern aus den USA, Indien, Italien und Deutschland im Alter zwischen 30 und 40 Jahren zusammengestellt. Während mehrwöchigen Reisen durch Europa und Nordamerika machen sie ihre Bestandsaufnahme und entwickeln danach in monatelanger Arbeit ihre Lösungsvorschläge, um sie abschließend in eine überzeugende Präsentation zu gießen. Ein sehr zeitaufwendiges Projekt, das zwar nur zwei *Credits* für jeden Beteiligten bringt, jedoch mit einem großartigen Einblick in die UNO und einer steilen Lernkurve belohnt wird.

Die Leistungsbereitschaft ist ein Punkt, der die Studenten in *Term* 3 und 4 stark unterscheidet. Auf der einen Seite stehen jene, die das Maximum aus diesem Jahr herausholen möchten und weiterhin anspruchsvolle Kurse und Projekte belegen. Auf der anderen Seite gibt es eine wachsende Zahl von *low-profile*-Studenten, die mit Minimalaufwand das zweite Halbjahr hinter sich bringen möchten. Das realisieren sie mit einer gezielten Auswahl von Softkursen und Projektgruppen, bei denen sie sich auf Kosten der anderen dezent im Hintergrund treiben lassen können. Werden diese Kollegen erstmals im Team entlarvt, ist es zu spät. Das Projekt wird dann meist zähneknirschend mit dem Halbe-Kraft-Spieler zu Ende gebracht. Nach den ohnehin gemischten Teamerfahrungen der vorausgegangenen sechs Monate führt dieser Vertrauensmissbrauch dazu, dass Teamarbeit in *Term* 3 einen starken Popularitätsverlust erfährt. Viele Studenten arbeiten allein oder zu zweit an ihren Vorbereitungen und Berichten. Erst Monate später, in *Term* 4, lockt der Anreiz, dass der Aufwand für Gruppenarbeiten, gemessen an Wörtern je Student, verhältnismäßig geringer ist als für Einzel-*Reports*.

Alle Studenten haben sich für die zweite Hälfte des Studiums eine drastische Reduzierung der Belastung vorgestellt. Viele träumen von Partys ohne Ende und nur gelegentlichen Vorlesungen. Doch diese gravierende Veränderung stellt sich nie ein. Hinzu kommt, dass sich neben den flexibler gewordenen Studienanforderungen ein alles überschattendes Thema stärker in den Vordergrund schiebt: Wie geht es nach dem MBA-Studium weiter?

Seit April stellen sich am Campus immer mehr Unternehmen mit *Recruitment*-Präsentationen vor. Der Vortragsraum 29 ist beinahe jeden Abend für eine andere Firma reserviert.

Auch sitzen häufig Studenten in Businessklamotten in den Vorlesungen. Sie haben am selben Tag ein Vorstellungsgespräch bei einer der zahllosen Consultingfirmen, die in Cranfield rekrutieren. Es mehren sich Anfragen von Studenten, Vorlesungen auf Video aufzuzeichnen, da sie für ein Interview nach London oder aufs europäische Festland reisen müssen. Die versäumten Veranstaltungen sehen sie sich nach ihrer Rückkehr vom Band an. In *Term* 4 vergeht dann kein Tag mehr ohne Campus-Interviews und beinahe jede Vorlesung wird auf Video aufgezeichnet. Die ersten Studenten, die in *Term* 3 einen unterschriebenen Arbeitsvertrag in der Tasche haben, werden wie Helden gefeiert. Der Wettbewerb verlagert sich. Weg von erreichten Prozentpunkten in *Reports* und Prüfungen, hin zu Jobs. Der Name der Firma, Titel und Bezahlung sind die neuen *Benchmarks,* um die gerungen wird. Besonders begehrt sind Jobs im *Investment Banking* und im *Management Consulting.* Namen wie Goldmann Sachs und McKinsey werden zum Statussymbol und lassen bei Einzelnen unangenehme Starallüren aufkommen.

Die Jobsuche wird aufreibend. Angesteckt von den frühen Erfolgen weniger Glückspilze geraten einige regelrecht in Panik und nehmen jede Interviewchance war. Dafür recherchieren sie Branchen- und Firmeninformationen, passen ihren Lebenslauf an den ausgeschriebenen Job an und nehmen an aufwendigen Auswahlprogrammen teil. London liegt dafür vor der Haustüre. Viele internationale Studenten nutzen ihre Ferien im Juni zwischen *Term* 3 und 4 und fliegen für Interviews um die halbe Welt. Meist laufen die *Recruiting*-Prozesse über mehrere Runden, wobei das Erstinterview üblicherweise am Campus in Cranfield stattfindet oder per Telefon gemacht wird. Die nächsten Runden, mit teilweise mehrtägigen *Assessment Centres,* werden in Abständen von zwei bis drei Wochen an verschiedenen Orten durchgeführt. Alles in allem ein langwieriger Prozess, der sich über Monate hinziehen kann und oft mit einem dünnen Brief mit den Worten *„We regret to inform you …"* endet. Viele Studenten haben deshalb mehrere Prozesse mit verschiedenen Firmen parallel laufen. Die nervliche Belastung durch die vielfachen Enttäuschungen macht sich deutlich bemerkbar. Die ungeteilte Aufmerksamkeit aller Studenten auf die Studienanforderungen in den ersten beiden *Terms* weicht nun einer neuen Priorität: Jobsuche.

Leidgeprüfte Studenten gründen einen Club, in den nur ihresgleichen aufgenommen werden: Leute mit mehr als 20 Absagen. In jeder freien Minute treffen sich die Mitglieder zum Interviewtraining, um clevere Antworten auf die teilweise sinnlosen Scherzfragen einiger *Consulting*-Firmen einzustudieren. Denn statt über handfeste Businessthemen zu diskutieren, testen die *Consulting*-Firmen in ihren Interviews gern das *„out-of-the-box-thinking"* der Kandidaten.

Ein fast 40-jähriger Kandidat, der auf eine langjährige Management-Erfahrung zurückblicken kann, wird zum Beispiel mit Fragen genervt wie dieser:

„Du bist in einem Raum mit drei Lichtschaltern. Jeder der drei Schalter schaltet jeweils nur eine von drei Glühbirnen an, die im Nebenraum angebracht sind. Deine Aufgabe ist es, herauszufinden, welcher der Lichtschalter welche Glühbirne schaltet. Alle Glühbirnen sind ausgeschaltet. Du darfst dabei nur zwei Schalter betätigen und den Raum mit den Glühbirnen nur einmal betreten. Wie würdest du herausfinden, welcher Lichtschalter welcher Glühbirne zugeordnet ist?"

Nun, die Auflösung ist wie immer einfach, wenn man nicht gerade auf einem ungemütlichen Interviewstuhl sitzt: Eine Glühbirne einschalten, nach fünf Minuten wieder ausschalten, danach eine andere Glühbirne einschalten und in den Raum hineingehen. Die ausgeschaltete warme Glühbirne ist dem ersten Schalter zugeordnet, die leuchtende Glühbirne Schalter zwei und die ausgeschaltete kalte Glühbirne Schalter drei. Man muss dazu die beiden ausgeschalteten Glühbirnen anfassen. Wahre „out-of-the-box"-Denker befassen sich mit den nicht gegebenen Informationen der Aufgabe, wie zum Beispiel: Die Räume könnte ein Fenster verbinden. Oder man könnte eine Bohrmaschine beim nahe gelegenen Heimwerkermarkt kaufen und ein Loch in die Wand bohren. Wenn man beim Betätigen der Lichtschalter durchsieht, kann man feststellen, was beim Schalten so alles passiert ...

Um diese Erfahrung reicher hat sich der Student auf seine wahren Qualitäten besonnen und kurze Zeit später für einen beeindruckenden *General Management*-Job unterschrieben.

Die wenigen Studenten, die von ihren Arbeitgebern nach Cranfield geschickt wurden oder ein Firmensponsoring genießen, haben es in Bezug auf Jobsuche einfacher. Ohne Existenzdruck suchen sie nur vereinzelt nach Alternativen. Doch die Prophezeiung aus dem Aufnahmegespräch während meines ersten Besuches in Cranfield im

Januar 1999 hatte offensichtlich Substanz. *„You might not want to return to your company!"*, wurde mir damals gesagt. Tatsächlich streift ein beachtlicher Teil der gesponserten Studenten das durch die vielfältigen neuen Einblicke in Cranfield zu eng gewordene Korsett der alten Firma ab. Dabei werden sie von ihren neuen Arbeitgebern durch die Übernahme der Sponsoringkosten regelrecht aus ihren alten Firmen „freigekauft".

In all der Jobhysterie gibt es auch Kollegen, die sich während des Jahres in Cranfield in vollem Umfang auf die Lerninhalte konzentrieren. Sie möchten sich erst nach Abschluss des Studiums und nach einem ausgiebigen Urlaub neuen Aufgaben widmen. Dies sind meist Leute, die auf eine langjährige Berufslaufbahn zurückblicken und die das Studium mehr als einen Ausstieg auf Zeit betrachten. Ob der neue Job drei Monate früher oder später beginnt, ist für sie Nebensache.

Einige nützen den einjährigen Berufsausstieg für eine völlige Neuorientierung, z. B. durch den Umstieg in eine andere Branche. Eine geeignete Kombination aus Wahlfächern und Projekten macht dies gut möglich.

Meine Jobsuche verläuft ohne Druck. Durch das ungekündigte Beschäftigungsverhältnis – wenn auch ohne Bezahlung – halte ich über das gesamte Studium einen engen Kontakt mit meinem Arbeitgeber in Deutschland. In den Ferien erkundige ich mich über Neuigkeiten und mögliche Jobs nach meiner Rückkehr. Nebenbei sehe ich mich natürlich auch bei anderen Firmen um und konzentriere mich dabei im zweiten Halbjahr nur auf die Felder, die mich wirklich brennend interessieren: *General Management, Corporate Restructuring* und *Venture Capital*. So spreche ich mit einigen großen Namen der Berater und *Venture Capital*-Szene. Dabei stelle ich fest, dass der Schritt ins *Consulting* in meiner persönlichen Situation nicht passt und das Jahr 2000 ein denkbar schlechter Zeitpunkt für einen Einstieg in *Venture Capital* ist, auch wenn mit unglaublich hohen Gehaltssummen geworben wird. Meine Stärken liegen im *General*

Management, in der Arbeit als Unternehmer mit Menschen und mit Ergebnisverantwortung. Damit knüpfe ich an mein Erfahrungsprofil an und erhalte letztlich nach meiner Rückkehr aus England ein interessantes Angebot von meinem bisherigen Arbeitgeber. Mit diesem Schritt trotze ich der Statistik, die besagt, dass nur wenige MBA-Absolventen wieder zu ihren alten Firmen zurückkehren.

Trotz der vielfältig gewordenen Anforderungen in Vorlesungen, Projekten und der Jobsuche entsteht in *Term* 3 eine ausgelassene Freizeitkultur. Gemeinsame Sportaktivitäten, Ausflüge, Grillabende und Partys geben Gelegenheit, viele Studenten aus anderen *Streams* kennen zu lernen. Vor allem Leute, mit denen ich in den vergangenen Monaten keinen unmittelbaren Kontakt über Team- oder Projektarbeit hatte, bereichern die verschiedenen Aktivitäten mit ihren Storys. Neben vielen Privatveranstaltungen werden chinesische, indische und brasilianische Partys organisiert, auf denen die gesamte *Business School* ausgelassen feiert. Es werden landestypische Gerichte angeboten, passende Musik gespielt und folkloristische Einlagen der Extraklasse von engagierten Künstlern dargeboten. Besonders beliebt sind die professionellen brasilianischen Tänzerinnen in ihrer spärlichen Bekleidung, die für einen Abend aus London angereist sind.

Bis zum Ende des Studiums vergeht nun keine Woche mehr, in der meine Frau und ich nicht zu mehreren Events eingeladen werden oder selbst einladen. Das zweite Halbjahr des Studiums mutiert dadurch zu einer großartigen *Networking*-Plattform. Dies macht für mich einen ganz wesentlichen Teil des MBA-Studiums aus. Eine handverlesene Gruppe von ca. 210 überdurchschnittlich begabten jungen Menschen aus allen Erdteilen arbeitet und feiert gemeinsam. Die Unterschiede in Kultur, Sprache, Religion, Alter, Ausbildung und Erfahrungen bereichern dabei nicht nur das gemeinsame Studium von trockenen Managementtheorien, sondern sind der Kern der gesamten MBA-Philosophie. Ein globales Netzwerk gleich gesinnter

Menschen und ich bin ein Teil davon. Das Gefühl, dieses Privileg für ein Jahr besitzen zu dürfen, versetzt mich während der gesamten Dauer des Studiums regelmäßig in Hochstimmung und gibt mir Kraft in den vielen schwierigen und hektischen Momenten.

Die vergangenen harten sechs Monate, die jedem noch in den Knochen stecken, das Frühlingserwachen und die neue Freizeitkultur lassen viele Studenten im *Term* 3 kräftig entspannen. Teammeetings, Projektarbeit und die Vorbereitung der Vorlesungen treten für kurze Zeit in den Hintergrund. Freizeit und Sport werden groß geschrieben. Intensives Fußball- und Rugbytraining sind angesagt für die in den USA stattfindenden MBA-Meisterschaften sowie Lauftraining für den London Marathon. Auch meine Frau und ich intensivieren unser Freizeitprogramm. Zusätzlich zum Morgenlauf joggen wir nun regelmäßig nachmittags einige Runden über den Campus. Wir genießen die ländliche Umgebung bei abendlichen Wanderungen über die umliegenden Felder, bei denen wir meist unzählige Kaninchen bei ihrem Treiben beobachten. Wir nennen das *„Bunny Watching“*.

Das Golfspiel mache ich zum festen Bestandteil meines Terminkalenders. Ob Trainerstunde oder 18-Loch-Runde, es vergeht keine Woche, in der ich nicht zwei bis drei Mal auf dem Golfplatz bin. Die Kombination aus Natur, Spiel und Wettbewerb gibt mir einen hervorragenden Ausgleich zum Studieren. Nachdem wir durch regelmäßiges Training über die Wintermonate die Platzreife erlangt hatten, verabrede ich mich nun auch mit anderen Studenten und Professoren zu einer erholsamen Runde. Dabei nehme ich gern in Kauf, dass ich meist einige Schläge mehr zähle. Meine Frau und ich bleiben den Sommer über am Ball und so schaffen wir es im September noch zu einem akzeptablen Handicap.

An den Wochenenden fahren wir regelmäßig zu Parks und Wäldern in der Umgebung, in denen wir auf so genannten *Public Walks* oder einfach querfeldein wandern. Ausflüge nach London, Oxford und Cambridge dürfen natürlich auch nicht fehlen. Einmal fahren wir an die Ostküste, um das raue Meer zu erleben und die dort ansässigen Robben zu besuchen. Unsere geplanten Reisen nach Schottland und Wales fallen leider dem Studium und kurzfristig angesetzten Interviewterminen zum Opfer.

Veranstaltungen und Ausflüge organisiert auch das universitäts-eigene *Community Centre*. Termine werden monatlich in einem Mit-teilungsblatt bekannt gegeben, das gleichzeitig über Aktivitäten diverser Studentenclubs informiert. Die Bustouren geben Leuten ohne Auto die Möglichkeit, die Highlights der Umgebung zu sehen. Nebenbei ist es eine gute Gelegenheit, Studenten anderer Schulen am Campus, wie z. B. der *School of Aeronautics*, kennen zu lernen. Allerdings muss man mehrere Wochen im Voraus buchen und bezahlen, was wegen des oft kurzfristig erheblich schwankenden Arbeitspensums eines MBA-Studenten leicht zu Terminkollisionen führen kann. Weitere Aktivitäten werden von den Partnern organi-siert, wie zum Beispiel Familienausflüge mit Kindern, Handarbeits-kurse oder Kaffeekränzchen. Abends, wenn die Studenten noch angespannt in Teammeetings diskutieren, sehen sich die Partner in Vorlesungsräumen gemeinsam aktuelle Videos an oder verkosten Wein und Whiskey. In Gruppen werden auch kulinarische Ausflüge zu Pubs und Restaurants in der Umgebung unternommen.

So ein umfangreiches Freizeitprogramm fordert seinen Tribut. Die anfängliche Motivation schwindet und die sich in ihren Abläufen wiederholenden Aufgaben und *Case Studies* machen es nicht leicht, sich aufzuraffen. Vorlesungszeiten werden von einigen nur noch grob berücksichtigt. In den jeweils ersten und letzten zehn Minuten der Vorlesungen entsteht ein zunehmend störendes Kommen und Gehen von Studenten mit verbesserungswürdigem Selbstmanage-ment. Falsche Zeit, falsche Vorlesung, andere Termine, kein Interes-se. Einige Studenten schießen während der Vorlesungen auf ihrem Laptop Moorhühner oder surfen im Internet, erfreulicherweise wenigstens ohne Ton. Auch Handys klingeln immer öfter in den Vor-lesungen, während Wortmeldungen und aktive Mitarbeit rapide abnehmen. Dies gibt einigen wenigen Besserwissern unter uns mehr

Redezeit. Obwohl sie keiner mehr hören möchte, treten diese vermehrt in den Vordergrund und verwickeln die Professoren regelmäßig in ausufernde Grundsatzdiskussionen. Entweder wartet der Rest des Auditoriums dann ungeduldig, bis mit dem eigentlichen Vortragsthema fortgefahren wird oder der Professor verschiebt die Diskussion auf die Pause. Werden schlecht vorbereitete Studenten zu Stellungnahmen in Vorlesungen aufgerufen, wählen diese immer häufiger die Clownnummer. Das verärgerte Auditorium weist sie in solchen Situationen oft zurecht. Für Kabarettveranstaltungen hat keiner die hohe Studiengebühr bezahlt.

Liegen Abgabetermine der Abschluss-*Reports* einiger Wahlfächer erst in *Term* 4, scheint das so weit weg, dass man sich getrost etwas Entspannung gönnen kann. Vorlesungsfreie Zeiträume und ungewohnt schönes Wetter sind einfach zu verlockend. Für die beiden Ferienwochen werden große Pläne geschmiedet. Die Luft ist raus, Auftanken ist angesagt. Doch genau das rächt sich!

Gegen Ende von *Term* 3 häufen sich Examen und Projektabschlüsse. In den ersten Wochen des nächsten *Terms* sind mehrere *Reports* aus *Term* 3 abzugeben. Diese dunklen Wolken, die auf dem strahlenden Freizeithimmel aufziehen, bringen mich und die meisten anderen Studenten wieder auf den Boden der *Business-School*-Realität zurück. Die verbleibenden drei Wochen in *Term* 3 sind geprägt von Knochenarbeit: Nun verbringe ich die Wochenenden wieder mit Teammeetings für verschiedene Wahlfächer. Nächtelanges *Report*-Schreiben und nicht enden wollende Prüfungsvorbereitungen für *Business Law* und eine Reihe von Finanzfächern versprühen *Term*-1-Atmosphäre. Für die zwei Ferienwochen zwischen *Term* 3 und 4 muss ich das Programm umschreiben. Aus dem geplanten Schottland-Urlaub wird eine Interviewreise nach Deutschland und eine Woche *Report*-Arbeit am Campus.

Term 4 beginnt mit Volldampf für mich. In der ersten Hälfte häufen sich Wahlfächer, die ich vor vielen Monaten allein nach deren Inhalten und nicht nach zeitlicher Balance ausgewählt hatte. Hinzu kommen Kurse, die ich als Gasthörer besuchen möchte und meine aus *Term* 3 übrig gebliebenen *Report*-Arbeiten, die ich auch in den Ferien nicht ganz geschafft hatte. Die kommenden drei Wochenenden sind mit Kurzkursen belegt, so dass ich Vorbereitungen und *Report*-Schreiben wieder in die Abend- und Nachtstunden verlegen muss. Ich bin damit in guter Gesellschaft, denn für beinahe jeden Studenten hat das Pendel im *Term* 3 etwas zu weit in Richtung Freizeit ausgeschlagen. Wie ich nun erfahre, hatten die meisten während den Ferien Projektarbeit erledigt oder intensive Jobsuche betrieben.

Die neuen Wahlfächer erfordern volle Konzentration und warten beinahe in jeder Vorlesung mit *Case Studies*, Kurz-*Reports* oder Präsentationen auf, die bewertet werden. Damit möchte man uns wohl im letzten *Term* bei der Stange halten. Um so effizienter gestaltet sich nun die Zusammenarbeit in den Teams. Der verhältnismäßig geringere Aufwand für Gruppen-*Reports* im Vergleich zu Individualarbeiten und die unangenehme Häufung der Bewertungen lassen uns mit Freude zur Teamarbeit zurückkehren. Wir hatten in der Vergangenheit ausreichend Gelegenheit, die meisten der 210 Studenten kennen zu lernen und können nun die Spreu vom Weizen unterscheiden. So formieren sich Teams, die alle Rekorde hinsichtlich Spaß und Leistung brechen. Ich arbeite in mehreren Teams mit Studenten meiner Wahl zusammen; in *Multinational Finance* sogar mit einem „Problemfall" aus meinem *Term*-1-Team. Ich bin beeindruckt von den Fortschritten, die wir seit September 1999 gemacht haben, und genieße die hohe Arbeitsmoral und die guten Ergebnisse. Aber auch die Arbeitsmethodik in „Zwangsteams" hat sich dramatisch verbessert. Dabei erlebe ich, wie viel wir in den vergangenen neun Monaten über effektive Zusammenarbeit gelernt und wie sehr wir uns alle verändert haben. Wir verfügen über gleiches fachliches Grundverständnis und handeln nach unausgesprochenen Regeln der Zusammenarbeit. Ein ganz wesentlicher Punkt für die nun so effiziente Teamarbeit ist unsere Herangehensweise an neue Aufgabenstellungen. Es sind Jobs, die zu machen sind. Wir wollen mit Spaß und einem sinnvollen Aufwand-Nutzen-Verhältnis das Beste aus der Aufgabe herausholen. Niemand hat das paranoide, selbst gesetzte Ziel „als Mutter oder Vater des Teams alle durch das MBA-Studium bringen zu wollen." Die Teamarbeit ist zu dem geworden, was sie wirklich ist: ein Arbeitsmittel, das optimal eingesetzt wird, um die gemeinsamen Ziele bestmöglichst zu erreichen. Beim ersten Treffen werden Aufgaben definiert und verteilt, beim zweiten diskutieren wir die Ergebnisse aus den individuellen Recherchen und stimmen die Schlussfolgerungen ab. Das dritte und letzte Treffen dient der Überarbeitung des Rohentwurfes. Alles Weitere wird mit einigen wenigen E-Mails erledigt. Vor einem Jahr im Oktober hätten wir uns nicht träumen lassen, dass Teamarbeit so einfach sein kann. Über vieles, was uns in *Term* 1 verunsichert hat, sehen wir heute einfach hinweg. Erscheinungen, die noch vor kurzem zu heißen Diskussionen führten, wird keine Beachtung mehr geschenkt. Wir gehen nicht mehr gemeinsam über Monate durch Höhen und Tiefen, sondern treffen uns, um zu arbeiten und abzustimmen, damit sich danach jeder wieder seinen individuellen Aufgaben zuwenden kann.

Durch die neue Effektivität nimmt auch der anfangs verbissene Wettbewerb um Bewertungen ab. Für die Erledigung von Aufgaben niedrigerer Priorität wird das persönliche Ziel kurzerhand auf 50 Prozent herabgesetzt. Hauptsache bestehen. Auch ich finde mich in einem Wahlfach wieder, dessen Lehrplan interessanter klang als der Vortrag dann tatsächlich ist. Um nicht noch mehr Energie dafür zu verschwenden, beschließen wir in einem Team von drei Studenten, für den gemeinsamen *Report* nur den Minimalaufwand hineinzustecken: 50 Prozent, bestehen und abhaken. Dafür schaffen wir uns mehr Zeit für Themen, die uns wichtiger sind.

Nach einem ersten Halbjahr mit festen Teams, starren Lehrplänen und einem dumpfen Rhythmus von wechselnden Vorlesungen und Teammeetings erscheint mir das zweite Halbjahr beinahe wie eine andere Veranstaltung. Flexible Vorlesungspläne, verschiedenste

Fächer, wechselnde Teams und ein volles Freizeitprogramm lassen eine ungeahnte Kurzweiligkeit entstehen. *Term* 3 und 4 vergehen dadurch wie im Flug. Die Mischung aus *Networking*, Team- und Individualleistung kommt der von uns allen angestrebten Managementkarriere schon verdächtig nahe. Die Jobsuche trägt das ihre zu den stärker werdenden Zentrifugalkräften bei. In kürzer werdenden Abständen finden so genannte *Open Days* am Campus statt, um die wenigen noch fehlenden Studenten der Klasse 2000/2001 zu rekrutieren. Meine Frau und ich nehmen gern diese Gelegenheiten war und sprechen mit MBA-Aspiranten beim kurzen Lunch. Wie ich es vor über achtzehn Monaten im Januar 1999 als Kandidat hier selbst erlebt hatte, geben nun wir unsere Erfahrungen von Cranfield weiter, führen durch unsere Studentenbude und tauschen Visitenkarten aus für eine spätere Kontaktaufnahme. Auf meiner Karte steht MBA-Student. Ich kann es nicht glauben, dass in nur wenigen Wochen eines meiner spannendsten Jahre vorbei sein wird.

Immer häufiger höre ich das Wort „danach" und in den vielen Gesprächen am Campus dreht sich nun schon alles um die Rückkehr ins normale Leben. Mit einem Mal ist jeder mit sich selbst beschäftigt und bereits ab Mitte August verlassen die ersten Studenten den Campus. Sie haben ihre Wahlfächer und Projekte abgeschlossen. Meist ist es der Wiedereintritt in ein geregeltes Berufsleben, der die frühzeitige Abreise fordert. Es werden E-Mails mit Abschiedsworten und Wohnungsanzeigen verschickt. Auf den sonst so leeren schwarzen Brettern überall am Campus schlagen sich nun die Verkaufsanzeigen für Hausrat um die letzten freien Plätze. Der Gebrauchtwarenmarkt in Cranfield erwacht wieder für einige Wochen zum Leben: Autos, Waschmaschinen, Toaster, Geschirr, Blumen, Drucker. Alles muss raus.

Die ersten internationalen Studenten der Klasse 2000/2001 tauchen unsicher am Campus auf. Es sind Chinesen, Brasilianer, Argentinier, Ägypter, Japaner, Holländer, Deutsche. Wieder ein Reigen unterschiedlicher Nationalitäten, der Mitte August in Cranfield seinen Vorbereitungskurs antritt. Wir „alten" Studenten organisieren Flughafenabholungen, Kennenlern-Partys und Einführungsgespräche, damit sich die Neuankömmlinge gleich von Anfang an wohl fühlen und das großartige Gefühl der *Cranfield Experience* überspringen kann.

Meine letzten *Reports* gebe ich in der ersten Septemberwoche ab, aber am 12. und 13. September stehen noch die Examen in *Financial Strategy* und *Multinational Finance* an. Eine schwere Bürde zu diesem Zeitpunkt des Studiums, denn dazu hat nun keiner mehr Lust. Aber ich kann mich nicht einmal beklagen, denn ich hatte diese Fächer im Januar selbst ausgewählt. Ich verbringe die verbleibenden Tage mit unzähligen *Farewell*-Partys und der Organisation unserer Urlaubsreise, die gleich nach den Prüfungen beginnen soll. Ausreichende Erholung vor der Aufnahme meines neuen Jobs ist dringend erforderlich. Der Großteil der Studenten macht nach diesem harten Jahr ausgiebig Urlaub. Die Planungen reichen von zwei Wochen bis sechs Monate, je nach finanzieller Lage und Arbeitsbeginn. Nur einige wenige starten direkt im Anschluss an die Prüfungen in ihren neuen Job.

Und dann gibt es da noch die *Orienteers*, die Truppe aus unseren Reihen, die als „alte" Studenten im Oktober innerhalb einer Woche die neuen der Klasse 2000/2001 auf Trab bringen soll. Die Vorbereitungen dafür wurden bereits zu Anfang des *Term* 4 mit der Wahl der *Lead* und *Stream Orienteers* gestartet. Während der vergangenen Monate ist in vielen kleinen Schritten das Programm für die erste Woche des neuen Studienjahres entstanden. Wieder ein Jahr, das für über 200 junge Menschen etwas ganz Besonderes werden wird.

„When you come out of the MBA you will be a different person!"

(Professor Malcom McDonald)

Die Stimme aus dem Hintergrund – His Partner's Voice

Von Christiane Kuderer

Eine wichtige Frage in Bezug auf das MBA-Studium stellt sich all jenen zukünftigen Studenten, die mit einem Partner zusammenleben. Soll man das Studienjahr allein oder mit Familie verbringen?

Wie ich als mitreisende Partnerin das Jahr erlebt habe, welche Auswirkungen es auf mich und unsere Beziehung hatte und welche Empfehlungen ich aus dieser Erfahrung geben kann, möchte ich in den nächsten Seiten erläutern.

Vor dem MBA-Studium hatte ich kein festes Arbeitsverhältnis, da wir gerade aus dem Ausland zurückkamen. Ich befand mich aber vor unserem ersten gemeinsamen Auslandsaufenthalt in einer ähnlichen Situation und war mit der Frage konfrontiert: Unterbrechung oder Kündigung? Wir waren zu diesem Zeitpunkt noch nicht verheiratet, ich hatte eine eigene Wohnung und arbeitete das achte Jahr in meinem Beruf. Mir war klar, dass es nicht einfach werden würde, wieder eine vergleichbare Stelle zu finden. Mit diesem Schritt, „Raus aus dem Berufsleben und mit ihm ins Ausland", begab ich mich in eine gewisse Abhängigkeit. Zum ersten Mal nach Studienende kein Geld zu verdienen, empfand ich wie das Betreten einer Eisfläche, von der ich nicht wusste, wie dick und wie glatt sie war.

Andererseits reizte mich das Leben in einem anderen Land. Es würde die Chance bieten, viel Neues zu lernen, vielleicht in einem ganz anderen Job zu arbeiten, mit Menschen anderer Kulturen Gedanken auszutauschen und neue Freunde zu finden. Selbst wenn ich danach wieder von vorn beginnen müsste, so könnte ich auf diese Erlebnisse zurückblicken und vermutlich würde auch ein Neubeginn wertvolle Erfahrungen mit sich bringen. Einige Bekannte rieten mir, auf Sicherheit zu setzen und zu Hause zu bleiben, andere erklärten mich für komplett verrückt, als ich mich entschloss, das Abenteuer zu wagen.

Da es mir nicht möglich war, mein Arbeitsverhältnis für ein Jahr zu unterbrechen, musste ich kündigen. Bereits in den ersten Wochen vollzog sich in mir eine interessante Wandlung. Anfangs grübelte ich noch über Einzelheiten meiner beruflichen Tätigkeit. Dann begriff ich mit einem Mal, dass es sich um belanglose Kleinigkeiten handelte. Seit Jahren drehte sich alles unermüdlich um sie. Über meine Zukunft und das, was mir wirklich wichtig war, hatte ich mir viel zu wenig Gedanken gemacht. Der Alltagsstress ließ mir kaum eine Gelegenheit zum Überdenken meiner Lage und zum Planen neuer Schritte. Doch ehe ich richtig zur Besinnung kam, befand ich mich in einer anspruchsvolleren Aufgabe als zuvor. Der Kreislauf schluckte mich erneut.

Als nun die Möglichkeit bestand, meinen Mann zu seinem Studium zu begleiten, betrachtete ich das in mehrfacher Hinsicht als gute Gelegenheit: Ich wollte ein intensives Englischstudium absolvieren, denn Fremdsprachen gewinnen immer mehr an Bedeutung. Die veränderte Situation würde mir die Chance geben, meine berufliche Entwicklung endlich zu planen. Da ich außerdem seit einigen Jahren erlebte, was es hieß, einen Manager zum Mann zu haben, nahm ich mir vor, ihn in diesem schwierigen Jahr zu unterstützen und so viel wie möglich über seine Arbeit zu erfahren. Es würde mir helfen, ihn besser zu verstehen und ein wertvollerer Gesprächspartner zu sein. Andererseits würde auch ich dabei viel Wissenswertes dazulernen und dadurch unter anderem wirtschaftliche Zusammenhänge im Kleinen und Großen leichter nachvollziehen können.

Um jedoch zu wissen, worauf ich mich einließ, begleitete ich ihn bereits auf der Interviewreise zu drei ausgewählten Schulen. Ähnlich wie er hatte auch ich eine lange Liste mit Fragen und Punkten, die ich klären wollte. Obwohl ich zu diesem Zeitpunkt noch nicht so gut Englisch sprach, konnte ich in diesen drei Tagen alles in Erfahrung bringen, was mir wichtig war. Es betraf vor allem unsere Lebenssituation in diesem Jahr und mein geplantes Englischstudium.

Beim *Open Day* in Cranfield wurde ich genauso herzlich empfangen wie die eigentlichen Studienbewerber. Jene freundliche Dame, die ich bereits auf einer MBA-Messe in Frankfurt kennen gelernt hatte, stellte mich sofort einigen Partnerinnen derzeitiger Studenten vor. Wie üblich war ich viel zu schüchtern, stellte dann aber beruhigt fest, dass es sich bei den meisten ebenfalls um Ausländerinnen handelte, die auch nicht besser Englisch sprachen als ich. Im Gegensatz zu mir schien ihnen das überhaupt nicht peinlich zu sein. Gut gelaunt schnatterten sie über ihre Erlebnisse, während sie nebenbei den Studenten etwas zum Essen verkauften. Nach diesen ersten Gesprächen waren bereits viele Bedenken ausgeräumt. Die Partnerinnen bildeten an der Schule einen wichtigen Bestandteil, unternahmen viel gemeinsam und wurden in die verschiedensten Aktivitäten integriert, wie z. B. der Mittagsversorgung der Studenten.

Das erlebte ich im Anschluss gleich selbst. Ich durfte am Rundgang durch die Einrichtung teilnehmen, lauschte der allgemeinen Einführung und den unzähligen Fragen der zukünftigen Studenten. Danach wurde ich zu einem *Lunch* eingeladen, bei dem mir einige Partnerinnen Einzelheiten über das Leben mit einem MBA-Studenten erzählten. Im *Community Centre* erhielt ich die Adressen von nah gelegenen Studieneinrichtungen, die mir später Unterlagen über ihre Kursangebote schickten. Neben Englischkursen hatten sie auch verschiedene andere Studienmöglichkeiten und Ausbildungen im Programm, die innerhalb eines Jahres abgeschlossen werden konnten. Voraussetzung dafür waren jedoch entsprechende Englischkenntnisse.

Nachmittags besichtigten wir Studentenunterkünfte. Wir baten zwei Studenten, die gerade den Einkauf aus ihrem Auto räumten, einen Blick in ihre Wohnung werfen zu dürfen, um einen ersten Eindruck von der Größe zu erhalten. Sie luden uns herzlich ein und beschrieben die Vor- und Nachteile. Da einige der Reihenhäuser, für die wir uns ebenfalls bewerben konnten, renoviert wurden, fragten wir einen Handwerker, ob wir uns eines ansehen könnten. Für ihn war es zwar eine ungewöhnliche Angelegenheit, doch er ließ uns bereitwillig in alle Zimmer sehen.

Neben Cranfield besuchten wir noch zwei weitere Schulen und auch dort erhielt ich alle mir wichtigen Informationen.

Durch die umfangreichen Eindrücke der drei Tage konnte ich mir gut vorstellen, was mich erwartete.

Als wir schließlich im September 1999 die Reise nach Cranfield antraten, blickte ich dem vor uns liegenden Jahr ebenso freudig und erwartungsvoll entgegen wie mein Mann. Mir war klar, dass sich unser Zusammenleben noch schwieriger gestalten würde als während seines anstrengenden und meist langen Arbeitsalltags als Manager. Während dieses Jahres würde sich alles um ihn und sein Studium drehen. Diese Erwartungshaltung half mir später, besonders schwierige Situationen und Zeiten zu meistern.

Wir hatten uns für eine Wohnung auf dem Campus entschieden. Dadurch konnte mein Mann bequem zu Fuß in seine Vorlesungen gehen und mir stand unser Auto zur Verfügung. Die Nähe zur *Business School* bot noch einige weitere Vorteile, z. B. dass auch ich den Computerraum und die Bücherei nutzen durfte und nicht weit zu gehen hatte. Es würde viel leichter sein, andere Studenten und deren Partner zu treffen. Für Abendveranstaltungen an der MBA-Schule konnten wir uns die Anfahrt sparen.

Als wir drei Wochen vor dem eigentlichen Studienbeginn in Cranfield eintrafen, führte mich deshalb mein erster Weg zu dem Büro, das die Belegung aller Unterkünfte am Campus organisierte. Mir war bewusst, dass es allein im Ermessen der freundlichen Dame lag, die mir gegenüber saß, wem sie vorab die wenigen, bereits frei gewordenen Wohnungen vergab. Mit meinen damaligen Kenntnissen über britische Höflichkeit und einem Lächeln bat ich um Erlösung aus dem teuren *Bed and Breakfast.* Vermutlich lag ich mit meiner Art genau richtig. Ich wurde nett vertröstet und bereits zwei Tage später zogen wir um.

Unser neues Heim befand sich im zweiten Stock eines Wohnblocks mit dem Namen *„Fedden House".* Nach einer gründlichen Reinigung wurde die kleine Wohnung unser gemütliches Zuhause. Das Wertvollste daran war der weitläufige Blick aus den großen Fenstern auf die umliegenden Felder und eine hervorragende, im Mietpreis inbegriffene Heizung. Geräusche hörte man nur von benachbarten Zimmern. Gelegentlich mussten wir im Laufe des Jahres an diese oder jene Tür klopfen und darum bitten, den Fernseher leiser zu stellen. Jeder reagierte verständnisvoll, denn wenn er studierte, benötigte er ebenfalls Ruhe. Wenn das heimische Footballteam Spieltag hat, gerät das schon mal in Vergessenheit. Mit einigen von ihnen, die an anderen Studiengängen teilnahmen, entstand dadurch ein freundschaftliches Verhältnis. Der englischen Mieterin, die unter uns wohnte, verkaufte ich am Ende des Jahres sogar meinen halben Hausstand.

Unsere Wohnung bestand aus einem winzigen Bad und einem Raum, von dem ein kleiner Studienbereich durch ein Holzregal abgetrennt wurde. Man konnte überall jedes Geräusch hören. Daran änderten auch die dünnen Türen nichts. Wenn mein Mann auf seinem PC eine CD-ROM-*Case Study* mit Sound vorbereitete, war ich gut beraten, entweder zu kochen oder joggen zu gehen. Umgekehrt wäre es für ihn störend gewesen, wenn ich den Fernseher eingeschaltet hätte, während er studierte. Rücksichtnahme musste bei 25 Quadratmetern oberstes Gebot sein!

Der geringe Stauraum unseres Autos hatte bei der Anreise geholfen, uns auf das Nötigste zu beschränken. Das große Holzregal in unserer Wohnung bot zwar auf beiden Seiten reichlich Platz für Bücher und Studienmaterial, doch in zwei schmalen Schränken und einer Abstellkammer musste der gesamte Rest Platz finden. Letztendlich konnte ich alles irgendwie unterbringen und empfand auch die Küchenmöbel als ausreichend. Ein Jahr lang kann man problemlos mit wenig auskommen und es spart einem obendrein die zeitraubende Reinigung von mehreren Räumen.

Als uns später ein kleines Haus angeboten wurde, wollten wir uns den Aufwand eines Umzuges sparen, außerdem wäre die größere Wohnfläche nur dann gemütlich geworden, wenn wir sie auch entsprechend dekoriert und gestaltet hätten. Uns fehlte sowohl die Zeit als auch die Lust, in Dinge zu investieren, die wir am Jahresende nicht mitnehmen konnten. Andererseits wären die getrennten Zimmer auf zwei Etagen natürlich von Vorteil gewesen.

Mein Mann war bereits zwei Tage nach unserer Ankunft voll mit seinem Vorbereitungskurs beschäftigt. So übernahm ich die anfallenden organisatorischen Wege. Ich erledigte die Anmeldungen bei der Bank, in der Ambulanz und beim Fitnesscenter. Im *Community Centre* ließ ich mir alle notwendigen Informationen über die Gegend geben. Anhand der Kopien von Landkarten und Stadtplänen erfuhr ich, wo sich Shoppingcentre, Supermärkte, Studieneinrichtungen, Wanderwege und vieles mehr befanden. Eine Broschüre beschrieb ausführlich nahe gelegene Ausflugsziele, Restaurants und Pubs der Gegend und alles, was man sonst wissen musste. Zusätzlich erhielt ich aktuelle Fahrpläne und bekam viele meiner Fragen beantwortet. Diese beiden stets freundlichen und hilfsbereiten Damen am Empfang waren das gesamte Jahr über für die Belange der Studenten und deren Partnerinnen da, vom auszuleihenden Staubsauger bis hin zur Seelsorge.

In den folgenden Tagen klapperte ich verschiedene Einkaufsmöglichkeiten ab und verglich sie. Von ehemaligen Studenten erhandelte ich Haushaltsgeräte und andere brauchbare Dinge. Beim Kauf von Lebensmitteln benötigte ich eine Weile, bis ich mühelos die Preise von Obst und Gemüse vergleichen konnte, denn die Preise waren sowohl in Pfund, Kilo, Gramm, Stück oder als Sonderposten angegeben.

Ganz nebenbei erkundete ich meine neue Umgebung und fühlte mich durch meinen Erfolg großartig. Es gab auf dem Campus mehrere Waschsalons, in denen man für rund 3,75 Euro eine Maschine füttern konnte. Nach einer Woche umherwirbeln wusste ich, wie der Hase läuft.

Parallel dazu ging ich die Organisation meines Studiums an. Ich fuhr zunächst nach Bedford zur Universität, die sich am Eingang der Stadt befand. Die Sprachkurse wurden jedoch im Bedford College durchgeführt und so musste ich durch das Zentrum hindurch in ein entlegenes Stadtgebiet. Mit einem freundlichen Lächeln händigte mir eine Mitarbeiterin des Colleges umfangreiches Informationsmaterial aus und der Direktor des Sprachprogrammes persönlich beantwortete geduldig meine Fragen. Er bot mir sogar an, sofort den Aufnahmetest durchzuführen. Doch ich war zu aufgeregt und zu verunsichert, mich dieser unerwarteten Herausforderung zu stellen und wollte unbedingt zuvor mein Wissen auffrischen. Hätte ich nur geahnt, wie gut dieses Angebot gemeint war! Eine Woche später drängten sich unzählige Studienbewerber in dem Gebäude. Ich musste versuchen, mich in einem Zimmer zu konzentrieren, in dem unentwegt jemand den Raum betrat oder verließ. Einige unterhielten sich vor der offenen Tür, andere gingen den Gang auf und ab. Ohne Vorbereitung, aber in Ruhe, hätte ich den Test ganz sicher besser bestanden. Anschließend musste ich lange warteten, bis der Direktor des Sprachprogrammes endlich die mündliche Prüfung mit mir durchführen konnte. Die wenigen Lehrkräfte waren offensichtlich überfordert, so viele Studenten innerhalb einer Woche zu testen.

An einem der darauf folgenden Tage besuchte ich eine weitere Studieneinrichtung in der Nähe. Dort geriet ich mitten in den Tumult eines solchen Aufnahmetages. Ich konnte niemanden finden, der mir bestätigen wollte, dass es hier möglich ist, den Kurs für das *Cambridge Certificate in Advanced English* bereits nach einem Jahr mit einer Prüfung abzuschließen. Das gestresste Personal sprach nach meiner dritten Nachfrage immer noch nicht langsamer und deutlicher. Ich betrachtete das als kein gutes Aushängeschild für den Lehrbetrieb und verzichtete auf den kürzeren Anfahrtsweg und die moderneren Räumlichkeiten.

In Bedford belegte ich zur Eingewöhnung erst einmal zwei Kurse, nach sechs Wochen besuchte ich nur noch einen. Mein Programm begann erst gegen Mittag, es wurden aber auch Abendkurse angeboten. Für den Unterricht innerhalb eines der drei *Terms*, die jeweils elf Wochen umfassten, bezahlte ich rund 175 Euro. Verglichen mit anderen Angeboten war das sehr günstig. Drei Mal wöchentlich besuchte ich für je zwei Stunden sehr abwechslungsreiche Lektionen, die mich auf die Prüfung für das *Cambridge Certificate in Advanced English* vorbereiteten. Die Prüfung umfasste Lesen, Fragen beantworten, das Schreiben von Texten zu vorgegebenen Themen, Grammatik, Hören und Verstehen und mündliche Kommunikation. Es wurden umfangreiche Hausaufgaben zu allen fünf Komplexen vergeben, deren Ergebnisse in der darauf folgenden Stunde in der Klasse gemeinsam diskutiert oder von der Lehrerin kontrolliert und bewertet wurden. Der Unterricht war anspruchsvoll, abwechslungsreich und bot ausreichend Gelegenheit, sich auf alle Teile der sehr speziellen Prüfung im Juni des darauf folgenden Jahres vorzubereiten. Zahlreiche Beispiele der Prüfungsaufgaben der vergangenen Jahre halfen mir, mich mit den Tücken vertraut zu machen. Eine Bibliothek stellte eigens dafür auf verschiedenem Niveau bearbeitete Bücher zur Verfügung, die auch jenen das Erfassen des Inhalts ermöglichten, die erst über mittlere Sprachkenntnisse verfügten. Ausgefallene Worte und Redewendungen waren durch einfachere ersetzt worden. Darüber hinaus konnte ich Übungskassetten ausleihen, um mich auf die Höraufgaben vorzubereiten.

Meine hohen Erwartungen an dieses Studium wurden in jeder Hinsicht erfüllt. Die Lehrerin passte ihre Stundenvorbereitungen dem Leistungsvermögen der Studenten an und gab uns im zweiten und dritten Teil vermehrt auch Aufgaben, die bereits auf die nächst höheren Prüfungsstufe, dem *Cambridge Certificate in Proficiency English,* vorbereiteten. Ein Test ermittelte schließlich, wer zu welcher Prüfung zugelassen wurde. Das ersparte all jenen unnötige Kosten, die ihre Fähigkeit überschätzt hätten.

Viele der Studenten meines Kurses arbeiteten als Au Pair in bri-

tischen Familien. Sie waren aus aller Welt gekommen und berei-
cherten mit ihren Schilderungen über ihre Heimat, deren Gewohn-
heiten und Traditionen den Unterricht. Fast alle lebten in Bedford
und verabredeten sich in ihrer Freizeit. Ihre ähnlichen Interessen
und Probleme verbanden sie. Nach dem Unterricht waren sie meist
alle sehr schnell verschwunden, da die Arbeit bereits auf sie wartete.

In den drei Vorbereitungswochen lernte ich durch die Verabredun-
gen meines Mannes andere ausländische Paare kennen. Noch ging
es relativ ruhig zu auf dem Campus, man begegnete sich ab und zu
im Computerraum oder auf dem Gelände und freute sich, ein paar
Worte wechseln zu können. In dieser Zeit und in den folgenden
Wochen besaßen viele Ausländer, die mit dem Flugzeug angereist
waren, noch kein eigenes Auto. Bis sie eines auf dem umfangreichen
Gebrauchtwagenmarkt des Campus und der Umgebung erhandelt
hatten, nahm ich sie gelegentlich in unserem Wagen mit. Häufig tele-
fonierten wir abends miteinander und vereinbarten spontane Treffen, zu denen jeder etwas mitbrachte. Während die Männer ausgiebig über ihr bevorstehendes MBA-Studium diskutierten, tauschten
wir Partnerinnen Neuigkeiten aus. Eine hatte ein Studium gefunden,
das sie innerhalb eines Jahres mit dem *Master of Art* in einem Päda-
gogik-Spezialgebiet abschließen konnte. Einer anderen war es
gelungen, im medizinischen Bereich einen Job zu finden und eine
dritte wollte Sekretariatskurse an einem College belegen. Zwei Partnerinnen übernahmen kleine Jobs an der MBA-Schule. In diesen
ersten Wochen bestimmten die Partner, wie sie das Jahr nutzen wollten. Die Chancen standen in dieser Region sehr gut. Trotz hoher
Arbeitslosigkeit waren die Zeitungen voll von Stellenangeboten und
viele Arbeitgeber nutzten den Vorteil, jährlich neue und besonders
motivierte Leute einzustellen. Einige Partner scheuten nicht die
Mühe, täglich nach London zu fahren. Eine Anwältin fand eine interessante Tätigkeit in einer Kanzlei und kam nur am Wochenende
nach Cranfield, eine Redakteurin fuhr drei Mal wöchentlich nach
London oder arbeitete sonst zu Hause am PC. Eine Psychologin

übernahm die psychologische Praxis in einem Hospital als Schwangerschaftsvertretung. Um Krankenschwestern riss man sich.

Dann gab es noch die Möglichkeit, bei einem kleinen Business mitzuwirken. Seit Jahren war es üblich, den Studenten von Montag bis Donnerstag eine Lunchversorgung anzubieten, damit sie sich nicht selbst darum kümmern mussten. Der Service nannte sich *Butty-Box* und umfasste Sandwiches, Kuchen, Obst, Getränke und was immer die Partnerinnen bereit waren, vorzubereiten. Wer mitwirken wollte, musste nur eine einfache Hygieneprüfung ablegen und sich mit den beteiligten Frauen absprechen. Es bestand die Möglichkeit, an einem oder mehreren Tagen zu arbeiten, sich abzulösen oder zu tauschen. Das tägliche Angebot musste sichergestellt werden, denn die Studenten verließen sich darauf. Der Erlös wurde unter den Beteiligten aufgeteilt. Für die *Butty-Box* fanden sich reichlich Interessenten, denn es bot auch jenen eine Betätigung, die nicht Englisch sprachen oder wegen ihrer kleinen Kinder keine Arbeitsstelle antreten konnten.

Ich habe von keiner Partnerin gehört, die ernsthaft einen Job suchte und keinen finden konnte.

Während der Orientierungswoche wurden auch die Partnerinnen täglich zu Veranstaltungen in die Management-Schule eingeladen. Am Montag fand eine Begrüßungsveranstaltung für Paare statt, bei der einige Partnerinnen des Vorjahres über ihre Erfahrungen sprachen und Empfehlungen gaben. Diese Veranstaltung sollte man auf keinen Fall verpassen, denn hier werden sehr wichtige erste Kontakte unter den Partnern geknüpft.

Bis zum Beginn der Orientierungswoche war ich nur mit wenigen Frauen ins Gespräch gekommen. Engländerinnen arbeiteten meist und nur wenige kamen abends zu den Partys. Viele lebten nicht auf dem Campus und hatten ihren eigenen Freundeskreis. Da es keine weitere deutschsprachige Partnerin gab, blieb mir nur Englisch zur Verständigung. Dabei stellte ich fest, dass ein Großteil der internationalen Partnerinnen sehr wenig verstand und deshalb möglichst kurz antwortete, vorausgesetzt, sie wussten überhaupt, was ich wollte. Umgekehrt erfasste ich zwar, was die Englisch-Muttersprachler sagten, wurde aber wegen meiner doch vorhandenen Sprachbarriere nicht voll in ihrer Mitte aufgenommen.

Die Frauen, die nicht berufstätig waren und aktiv das Freizeitleben der Partnerinnen gestalten wollten, hatten sich am Montag bei der Begrüßungsveranstaltung verabredet und danach intensiv Gedanken ausgetauscht. Sie stellten uns in dieser Zusammenkunft eine Frau vor, die als Partner-Repräsentantin an der *Business School* unsere Interessen vertreten sollte. Drei weitere meldeten sich als Organisatoren für Soziales, Sport und Partys.

Im Nachhinein muss ich zu dieser Woche sagen, dass es ein Fehler ist, wenn man aus Scheu und wegen nicht perfekter Englischkenntnisse sich gegenüber den anderen zurückhaltend verhält. Später stellten viele fest, dass sie nicht die Einzigen gewesen waren, die sich nur mit wenigen Worten verständigen konnten. Über ein Entgegenkommen hätte sich so manche gefreut. Andere trauten sich nicht, notfalls Hände und Füße einzusetzen. Mich hatte es damals enttäuscht, zahlreiche Frauen angesprochen zu haben und als Antwort lediglich betretenes Schweigen zu ernten. Im Nachhinein erfuhr ich jedoch, dass manchen schon allein mein Interesse an ihnen gut getan hatte. Als sie einige Wochen Englischkurs hinter sich hatten, holten wir die Gespräche nach.

Das eigene Studium oder eine berufliche Tätigkeit sollte in diesen Tagen unbedingt an zweiter Stelle stehen. Soziale Kontakte zu anderen MBA-Partnerinnen sind lebenswichtig!

Dann begann der Alltag und nun zeigte sich, dass ich mit meinen ersten Beobachtungen richtig lag. Ein Großteil stürzte sich ins Arbeitsleben und tauchte nur noch selten auf. Mütter mit Kindern begegneten sich, wenn sie ihre Kleinen zur Krabbelgruppe oder zum Kindergarten brachten und organisierten gegenseitige Unterstützung. Unterschiedliche Sprach- und Kulturgruppen fanden schnell zusammen. Die Partnerinnen von arabischen, chinesischen und russischen Studenten blieben lieber unter sich, da viele anfangs kaum ein Wort Englisch sprachen. Selbst wenn es nicht an der Sprache scheiterte, so fühlte ich mich doch oft als Außenseiterin. Unterhielt ich mich beispielsweise mit einer spanischsprachigen Partnerin auf Englisch und es kamen einige ihrer Landsleute hinzu, wechselten sie sofort in ihre Sprache und ich verstand kein Wort mehr. Natürlich ist es viel einfacher und angenehmer, sich in der Muttersprache zu verständigen.

Da ich zu keiner dieser Gruppen gehörte, entwickelten sich vorerst nur langsam engere Kontakte. Einigen begegnete ich regelmäßig, weil sie auf dem Campus ähnlich aktiv waren wie ich, aber es blieb meist beim „Hallo, wie geht's?".

Nach der ersten Woche lud das *Community Centre* nachmittags alle internationalen Studenten und ihre Partnerinnen zum Tee ein. Ich erhoffte mir viel von dieser Zusammenkunft, doch stattdessen lärmte der Nachwuchs und die Mütter waren mit der Bändigung beschäftigt. Außer ihnen war kaum jemand gekommen. Die Studenten hatte der Stress geschluckt und die meisten Partner widmeten sich ihren neuen Aufgaben.

Am darauf folgenden Freitag fand abends das erste Partnertreffen statt. Diesmal erschienen sehr viele Frauen, aber wiederum standen die Kinder im Mittelpunkt. Einerseits, weil sie herumtobten, andererseits weil ihre abendliche Betreuung geregelt werden musste. Jede Mutter sollte die Möglichkeit haben, an Partys und Abendveranstaltungen teilzunehmen. Man führte gestempelte Karten als Gegenwert für einmal Kinderbetreuung ein. Hatte jemand keine Zeit oder keine Lust einmal das Baby-Sitten im Gegenzug selbst zu übernehmen, konnte er einen festgesetzten Preis je Stunde zahlen. Der vereinbarte Betrag lag deutlich unter den landesüblichen Sätzen für Baby-Sitten. Damit hielten sich die Kosten für die Familien in Grenzen und gleichzeitig war es eine Einnahmequelle für Frauen ohne Job.

Schwangeren bot man für die letzten Wochen vor der Entbindung und unmittelbar danach Hilfe an. Wir unterstützten sie beim Einkaufen, Kochen, Saubermachen und der Betreuung der älteren Kinder. Die Partnerinnen fühlten sich für alles verantwortlich, oft bis hin zur Fahrt ins Krankenhaus.

Außerdem wurde jedem eine ID-Card ausgehändigt, mit der man jederzeit die Management-Schule und den Computerraum betreten konnte. Alle weiteren Belange der Partner wurden in den folgenden Treffen besprochen. Ein monatlicher Newsletter in den Fächern der Studenten informierte regelmäßig über die verschiedenen Veranstaltungen.

Es dauerte eine Weile, bis all diese Aktivitäten ins Rollen kamen, doch dann boten sie für jeden etwas: Fahrten zu Shoppingcentres und Restaurants, Teilnahme an Veranstaltungen wie Pferderennen, Musicals in London, Weinverkostungen, Kosmetikberatungen, gemeinsames Kochen typischer Landesspezialitäten und vieles mehr. In den Räumlichkeiten der MBA-Schule war es sogar möglich, abends ausgeliehene Videos anzusehen. Viele Aktivitäten, wie gemeinsame Ausflüge und Picknicks, wurden speziell für Kinder organisiert, um den herumhetzenden, gestressten Papa zu ersetzen. Je besser sich die Partnerinnen in dieser Gegend auskannten, desto vielfältiger wurden die Unternehmungen. Was fehlte, war oftmals nur die Zeit zur Teilnahme.

Die Einladung zu gemeinsamen sportlichen Aktivitäten der Frauen schien zunächst erschreckend wenige zu begeistern und so ging ich weiterhin allein oder mit meinem Mann joggen. Doch schon bald wurde eine Gymnastikgruppe ins Leben gerufen, die einen Raum im Fitnesscenter auf dem Campus nutzen konnte. Andere verabredeten sich zum Tennisspielen und veranstalteten Turniere. Manche gingen regelmäßig reiten, zwei micteten sich sogar gemeinsam ein Pferd. Es war in vielerlei Hinsicht die Initiative der Partnerinnen gefragt. Fand man Gleichgesinnte, waren die Chancen fast grenzenlos. Gelang das nicht, konnte man einer Sportgruppe in einem nahe gelegenen Ort beitreten oder die Teams der Studenten unterstützen. Bis Mitte November hatten sich alle gut eingelebt. Einige waren noch einmal auf dem Campus umgezogen, aber nun widmeten sich alle ganz ihrem Studium oder ihren Aufgaben. Bei Gesprächen mit Partnerinnen kam in diesem Zeitraum zunehmend zum Ausdruck, wie sehr ihnen das Verhalten ihrer gestressten Studenten zu schaffen machte. Alles drehe sich um sie, umgekehrt dürfe man sie aber mit nichts belästigen, ihre Fähigkeit zuzuhören sei verloren gegangen. Entweder waren die Studenten nicht da oder gedanklich mit etwas anderem beschäftigt. Tauchten sie zu Hause auf, machten sie ein Mordstheater und regten sich über irgendjemanden oder irgendetwas auf. Den ganzen Tag über mussten sie sich beherrschen, waren extremer nervlicher Belastung ausgesetzt, denn jeder unter ihnen versuchte, seinen Standpunkt als den einzig richtigen zu behaupten. Kamen sie dann nach Hause, fiel ihre ganze Selbstbeherrschung ab – sie wollten sich nicht mehr zusammennehmen. Dann lag es am Partner, beherrscht zu bleiben, sich nicht provozieren zu lassen und gleichzeitig beruhigend auf sie einzuwirken. Wir Partnerinnen stellten eine deutliche Persönlichkeitsveränderung fest, die sich bei allen Studenten mehr oder weniger bemerkbar machte: Sie fühlten sich als Elite, die sich von allen anderen abhob. Der extreme Wettbewerbsgedanke, verbunden mit dem Drang, fehlende Werte notfalls vorzutäuschen, heizte sie zu Höhenflügen an. Was außerhalb ihrer Management-Schule geschah, betrachteten sie als absolute Belanglosigkeiten und fassten es als Beleidigung auf, sie damit zu belästigen.

Natürlich war auch ich in einer ähnlichen Situation und bis zum Ende von *Term* 2 gab es mehrere Momente, in denen ich am liebsten abgereist wäre. Ich musste meinem Mann zuhören und sollte ihm die fehlenden Ideen liefern, von denen natürlich keine richtig war. Ich sollte erahnen, wann er fast verhungert zu Hause eintreffen würde und dann das Essen schon bereithalten. Ich wurde immer zur Eile getrieben, selbst wenn es keinen ersichtlichen Zeitdruck gab. Oft erwies es sich als die beste Lösung, ihm aus dem Weg zu gehen, bis er sich beruhigt hatte. Das Fitnesscenter und die Bücherei wurden im Winterhalbjahr meine Zufluchtsorte und auf meinen Joggingstrecken kannte ich bald jeden Baum und Strauch genau – zumindest meiner körperlichen Verfassung tat dieser Umstand sehr gut.

Boten sich dann am Wochenende ein paar ruhigere Minuten, versuchte ich über das zu reden, was mir zu schaffen machte. Diese Gespräche waren unheimlich wichtig, denn dabei konnte ich gelegentlich die Glaswände der Märchenwelt meines Studenten zerbrechen. Nur die Konfrontation mit der Wirklichkeit holte ihn von Zeit zu Zeit zurück auf den Boden der Realität. Wollte ich mich nicht ausschließlich minderwertig fühlen, war ich gezwungen, gegenzusteuern. Auch wenn es in diesem Zusammenhang teilweise zu ausgedehnten Diskussionen kam, so halfen doch gerade diese meinem Mann, in gewisser Weise bodenständig zu bleiben. Misserfolge erschienen weniger dramatisch und Probleme mit Teammitgliedern wurden wieder in das Licht einer relativ unwichtigen, zeitlich begrenzten Thematik gerückt – ganz besonders wertvoll war es aber im Zusammenhang mit der Jobwahl. Studenten mit Partnern, die Verständnis für diese außergewöhnliche Situation aufbrachten und sie gut dabei unterstützten, sahen in dieser schwierigen Zeit wesentlich gesünder aus und verkrafteten die Belastung besser.

Mitte November trafen wir uns mit einem Paar, das wie wir am Campus lebte. Er war Deutscher und sie Engländerin. Wir verstanden uns großartig und es stellte sich heraus, dass sie Interesse hatte, Deutsch zu lernen, nach Dienstschluss aber an keinem Kurs teilnehmen wollte. Daraufhin vereinbarten wir wöchentliche Treffen, bei denen ich ihr eine Stunde lang Deutsch beibrachte und sie mir im Anschluss beim Englisch lernen half. Von diesem Tag an ging es aufwärts. Natürlich nutzten wir die Gelegenheit, auch über unsere persönlichen Belange zu sprechen, verabredeten uns oder trafen uns mit anderen Partnerinnen. Diese Begegnungen gaben mir den seelisch-moralischen Halt, den man allein kaum bewahren kann.

Wenn mein Mann andere Studenten eingeladen hatte, fiel mir bei ihnen ein ähnlich seltsames Verhalten auf: Ihre Unterhaltungen bestanden aus Statements, auf die sie gegenseitig überhaupt nicht eingingen. Während ich sie bewirtete, nahmen sie kaum Notiz von mir oder gaukelten mir in kurzen Wortwechseln den heroischen Superman vor. Begegneten sie mir später auf dem Campus oder bei einer Veranstaltung, schienen sie mich nicht einmal mehr zu kennen. Sprach doch einmal ein Student mit mir, klang es oft, als unterhalte er sich mit einem *College-Girl*.

Zunächst hatte ich es als äußerst befremdend empfunden, nun, in der Gemeinschaft von Leidensgenossinnen, wurde es zu einer Bagatelle, über die man nur lachen konnte. Man durfte sie nicht persönlich nehmen. Die Studenten waren so sehr belastet, dass sie oft um sich herum kaum noch etwas wahrnahmen und normale, menschliche Reaktionen und Verhaltensweisen fielen ihrer Überforderung zum Opfer. Auf keinen Fall aber durfte man Minderwertigkeitskomplexe bekommen. Sah man nämlich genauer hin, entdeckte man bei allen von ihnen unzählige Schwächen, über die sie versuchten, hinwegzutäuschen. Als dann noch das von den Partnerinnen als „Märchenbuch" betitelte Heft mit den Lebensläufen und Fotos der Studenten in Umlauf kam, wurde es erst richtig amüsant. Plötzlich traten wieder ganz andere Werte in den Vordergrund. Die Studenten strebten nach Preisen, zum Beispiel für das beste Potential als Manager, und wir Frauen ermittelten heimlich, wer von ihnen über die wertvollsten Voraussetzungen verfügte. Für mich war äußerst interessant, dass man sich nahezu einhellig für einen zurückhaltenden, bescheidenen, höflichen Studenten entschied – intelligent und gutaussehend, vor allem aber sympathisch und bodenständig. Er war bisher nirgends in Erscheinung getreten, außer bei den Frauen. Die besaßen den nötigen Blick für die wahren Qualitäten.

Da so etwas natürlich nicht geheim blieb, regte es die männlichen Studenten an, unter den weiblichen Singles ebenfalls ihren Favoriten zu ermitteln. Es wunderte mich nicht, dass eine schnippische kokettierende Studentin mit frechem Mundwerk gewählt wurde. Das entsprach genau ihren derzeitigen Wertvorstellungen. Die zukünftige Managerin sahen sie in ihr jedoch nicht.

Weibliche Studentinnen mussten sich einen dicken Panzer zulegen, um bestehen zu können. Trotz laut gepriesener Gleichberechtigung wird wohl in kaum einem Berufsumfeld einer Frau mit so viel Skepsis und Vorurteilen begegnet. Dies war auch hier deutlich zu spüren. Für jene, die noch nicht als Managerin gearbeitet hatten, erwies sich das Jahr als Prüfstein. Wer es seelisch nicht unbeschadet überstand, sollte sich die beruflichen Ziele noch einmal sehr genau überlegen. Meist schlossen sich einzelne Studentinnen zusammen und unterstützten sich in jeder Hinsicht gegenseitig. Ich hatte den Eindruck, dass es jenen am leichtesten fiel, sich in der rauen Männerwelt zu behaupten, die es verstanden, ihren weiblichen Charme zu nutzen, problemlos Schwächen eingestanden und sich anfangs eher zurückhielten. Am deutlichsten bestätigte sich das meines Erachtens nach darin, dass gleich zu Beginn des Studiums eine freundliche und unkomplizierte Studentin mit umfangreichen Erfahrungen zu einer der vier *Stream*-Repräsentanten gewählt wurde.

Ich suchte zu vielen Studentinnen Kontakt und erlebte sehr unterschiedliche Reaktionen. Einige behandelten mich so arrogant wie die meisten ihrer männlichen Kollegen. Sie fühlten sich in diesen Tagen als etwas Besseres und stellten meist erst am Ende des Jahres fest, wie falsch sie damit lagen. Andere waren unheimlich froh, einmal gefragt zu werden, wie es ihnen geht. Ein paar nette Worte zauberten den blassen, verbissenen Gestalten mit tiefen Augenringen wieder Farbe und ein Lächeln ins Gesicht. Es waren vor allem jene ohne Partner, denen sonst wohl nur selten jemand zuhörte. Als es um den zukünftigen Job ging, fragten sie mich gelegentlich auch nach meiner Meinung und es waren nicht wenige, die sich beim endgültigen Abschied herzlich bei mir bedankten. Während des MBA-Studiums lebten wir zwar in zwei Welten, aber die Tatsache Frau zu sein verband uns trotzdem.

Um selbst möglichst viele Erfahrungen zu sammeln und meinen Horizont zu erweitern, nahm ich an allen außerordentlichen Veranstaltungen der MBA-Schule teil. Dadurch konnte ich gleichzeitig viele Studenten kennen lernen. Ich besuchte beispielsweise das Streitgespräch der Professoren über die Europäische Währungsunion, Firmenvorstellungen, den Vortrag eines ehemaligen Studenten, der in den vergangenen Jahren ganz besonders erfolgreich war, eine Diashow mit Erfahrungsbericht über eine Radtour in Südamerika und vieles mehr. Fanden an den Wochenenden Workshops statt, bei denen praktische Übungen im Freien absolviert werden mussten, beobachtete ich die Studenten gelegentlich dabei. All das brachte mir nicht nur wertvolle Erkenntnisse über viele verschiedene Themen, sondern half mir auch, meinen Mann besser zu verstehen. Ich erlebte, wie die zukünftigen Manager miteinander umgingen, wo es Spannungsfelder gab, welchem Erfolgsdruck sie ausgesetzt waren und wie schwer es ihnen allen auch hier fiel, zuzuhören. Mit diesem Wissen im Hinterkopf gelang es mir besser, in unserer Beziehung ausgleichend zu reagieren.

Einen Höhepunkt stellte in dieser Hinsicht der *Myers-Briggs-Type Indicator-Test* dar, der mit allen interessierten Partnerinnen durchgeführt wurde. Man erklärte uns ausführlich den Sinn dieses Unterfangens und erörterte gemeinsam die Ergebnisse mit den betroffenen Studenten, die den Test gleich zu Anfang ihres Studiums durchführten. Aus dem Vergleich beider Ergebnisse gab der erfahrene Psychologe Hinweise zu mehr und weniger übereinstimmenden Faktoren innerhalb der Beziehung. Wir erfuhren, worauf sie beruhten und wie man mit den weniger harmonischen Feldern umgehen konnte. Gerade in dieser schwierigen Phase beim MBA-Studium, aber auch mit Blick auf eine Zukunft mit einem Manager als Partner, waren dies außerordentlich wertvolle Hinweise, die uns auch zu tiefgründigen Gesprächen anregten.

Oft sind es jedoch Eindrücke, die mehr zählen als alle Worte, Momente, die viel wichtiger sind als der Alltag. Ich habe keine der Partys versäumt, denn dort kamen spätestens nach dem zweiten Drink, vor allem aber auf der Tanzfläche, die normalen, menschlichen Reaktionen zum Ausdruck.

Aber zu den *WAC*-Partys ging ich mit gemischten Gefühlen und erwartete zu Recht, dass sich dort alles um die Aufgabe drehte, die sie gerade so heldenhaft gemeistert hatten. Das *WAC* überlebt zu haben, galt bereits als außergewöhnliche Leistung. Da eine so große Gruppe von denselben Gefühlen erfasst war, genossen sie diese gemeinsam und feierten sie wie einen Sieg. Die Erlösung aus der Anspannung glich dem Auftauen von Gefriergut. All das mitzuerleben, gab mir das nötige Verständnis für das so enorm gestiegene Selbstwertgefühl.

Noch deutlicher war dies bei der Weihnachtsparty zu spüren. Unwillkürlich bekam ich das beschämende Empfinden, nur ein normaler Mensch zu sein. Um mich herum waren Gladiatoren, die gesiegt hatten und ihre Begeisterung darüber gemeinsam ausleben konnten. Als ich später meine schwere Prüfung bestand, die sich ebenfalls über drei Tage erstreckte, nahm außer meinem Mann kaum jemand Notiz davon. Beinahe sang- und klanglos ging sie im MBA-Stress unter und gab mir dabei lediglich das wichtige Gefühl, dieses Jahr ebenfalls sinnvoll genutzt zu haben.

Sicher – die Kosten für die Weihnachts- und die Jahresendparty sind ungewöhnlich hoch, da aber viele ausländische Studenten am Ende des Jahres vorzeitig abreisen, sollte man zumindest vorab keine Gelegenheit versäumen, diese unwiederbringlichen, prägenden Feiern zu genießen oder zumindest auf sich wirken zu lassen.

Selbst im Mittelpunkt stehen konnte man bei einem MBA-Kabarettabend. Die Beiträge und Ideen der Partnerinnen trugen maßgeblich zur Vielfalt des Programms bei. Eine bisher nicht entdeckte Operndiva studierte mit einem Professor ein ergreifendes Duett ein, die Anwältin, die in London arbeitete, wurde mit Abendkleid und Federboa zum gefeierten Chanson-Star, einige junge Mütter brachten mit ihren Gags und Sketchen die Zuschauer zum Lachen. Viele Partnerinnen beteiligten sich an den Darbietungen der Studenten und hatten bereits bei der gemeinsamen Vorbereitung viel Spaß.

Bei den anderen Partys kümmerten sie sich um die Dekoration und die Bewirtung. Aktiv sein und etwas Zeit investieren, waren die wichtigsten Voraussetzungen, um sich in diesem harten Jahr wohl zu fühlen.

Mindestens ebenso wichtig waren für mich auch all die vielen kleinen Veranstaltungen und Treffen, die wir privat organisierten oder zu denen wir eingeladen wurden. Zum einen bildeten sich dadurch wertvolle Freundschaften, zum anderen stellten sie für mich als Partnerin Highlights im teilweise doch recht eintönigen Alltag dar. Oft bestanden solche Lichtblicke aber auch aus einer gemeinsamen Unternehmung mit meinem Mann: Ein Spaziergang, ein Ausflug oder das gemeinsame Golfspielen gaben uns immer wieder Kraft. Jedes Gespräch mit ihm war unglaublich wichtig. Gemeinsam zu lachen, sich Freude zu bereiten, sich gegenseitig zu unterstützen, machte uns klar, wie wertvoll eine harmonische Partnerschaft ist, jetzt und in der Zukunft. Dafür war natürlich von beiden Seiten Verständnis für den anderen erforderlich und in diesem Jahr ganz besonders viel! Unser geplanter Schottland-Urlaub fiel einer Interviewreise nach Deutschland zum Opfer, meinen Geburtstag verbrachte ich allein vor den Schulbüchern und die schottische Tanzparty musste wegen eines verzögerten Projekts abgesagt werden – Änderungen in letzter Minute gehörten zur Normalität.

Meine eigenen Interessen durften kaum eine Rolle spielen. Hilfe im Filmstudio erforderlich? – Das Frauentreffen musste platzen. Drei hungrige Studenten vor der Tür, die heute Abend mit meinem Mann unbedingt noch einen Bericht fertig stellen müssen? – Mal sehen, was wir noch im Kühlschrank haben.

Aber ich war dabei, habe jeden einzelnen Tag miterlebt und auch ich veränderte mich.

Bot sich eine Gelegenheit, mich selbst weiterzubilden, habe ich diese genutzt. Die MBA-Schule rief einen Computerkurs ins Leben, der Partnerinnen einmal wöchentlich zwei Stunden lang die Möglichkeit bot, mit einem Experten über Fragen und Interessen zu sprechen. Wir bekamen die notwendigen Erklärungen und probierten dann selbständig diese umzusetzen. Falls notwendig, half man uns.

Es handelte sich um ein Pilotprojekt und ich bin sicher, das es inzwischen noch effektiver gestaltet wird. Trotzdem war dieser Kurs sehr interessant und hilfreich für mich. Gleichzeitig lernte ich dadurch einige Partnerinnen kennen, mit denen ich bislang noch keinen Kontakt hatte.

Ganz maßgeblich prägte mich die zweite Hälfte des Jahres. Für meinen Mann entspannte sich die Situation. Die festen Vorlesungszeiten wichen einem flexiblen Studienablauf aus Wahlfächern und selbst zusammengestellten Teams. Er kam und ging nun zu den unterschiedlichsten Zeiten, blieb mal vormittags zu Hause oder hatte einen Kurs von Freitag bis Sonntag. Der unregelmäßige Tagesablauf stellte neue Anforderungen an die Organisation unseres Zusammenlebens, denn ich benötigte anfänglich besonders viel Zeit zum Lernen für meine Englischprüfung. Sie fand Mitte Juni statt, der Test zur Zulassung aber bereits zwei Monate zuvor. Nachdem ich meine Prüfung hinter mich gebracht und bestanden hatte, nutzte ich in *Term* 4 die Chance, an Studienveranstaltungen in der Management-Schule teilzunehmen. Die Partnerinnen konnten sich langfristig als Gasthörer für Kurse eintragen. Zwar galt dieses Angebot nicht für alle Veranstaltungen in *Term* 3 und 4, die Auswahl blieb aber dennoch groß und vielseitig. Mir bot sich dadurch die Gelegenheit, jenen Einblick in verschiedene Bereiche zu erhalten, den ich mir erhofft hatte. Gleichzeitig konnte ich meine erworbenen Englischkenntnisse anwenden und stellte mit Genugtuung fest, dass ich nun problemlos den Ausführungen folgen konnte und mühelos den Inhalt erfasste. Noch wertvoller schien mir jedoch die Möglichkeit, vermehrt mit den Studenten Kontakt zu haben und den Studienbetrieb zu erleben. Viele bemerkten die sprachlichen Fortschritte, die ich innerhalb der neun Monate gemacht hatte. Mit einem Mal fand ich Zugang zu den Studenten und diskutierte mit ihnen in den Pausen über die Inhalte der Vorlesungen. Da nun der extreme Druck von ihnen genommen war, tauchten langsam wieder menschliche Züge auf. Schritt für Schritt kehrte mein Selbstwertgefühl zurück.

Auch in der Freizeitgestaltung änderte sich mit meinen verbesserten Sprachkenntnissen viel. Ich fand engeren Kontakt zu mehreren Engländerinnen. Wir besuchten uns gegenseitig zu Hause und unternahmen gemeinsame Ausflüge. Erst jetzt war ich in der Lage, mit ihnen annähernd so zu reden wie in meiner Muttersprache. Es fiel mir leicht, all meine Gedanken zu formulieren und auch die Nuancen der Sprache zu verstehen und zum Ausdruck zu bringen.

Die Sprachbarriere war vermutlich stärker, als ich mir anfangs eingestehen wollte. Nachdem ich sie überwinden konnte, verschwanden Schranken und Vorurteile. Erst jetzt bekam ich nach und nach einen umfassenden Einblick in die angelsächsische Kultur und konnte Fragen stellen, die ich ehrlich beantwortet bekam. Je näher das Ende des Studienjahres rückte, desto mehr gesellige Treffen fanden statt. Wir lernten in diesen letzten Wochen mehr Studenten und Partnerinnen kennen als in der gesamten Zeit zuvor. Wo wir auch eingeladen waren, vereinbarten wir neue Treffen, mal bei uns, mal bei anderen. Es wurde bald schwierig, alle Einladungen wahrzunehmen.

Eine außerordentliche Begegnung ergab sich für mich bei der Teilnahme an einer Studienveranstaltung. Unter den chinesischen Austauschstudenten, die für einen *Term* aus Schanghai kamen, befanden sich vornehmlich jüngere Studenten im Alter um die siebenundzwanzig Jahre. Sie sprachen ein deutlich sichereres Englisch als jene, die für ein Jahr gekommen waren. Ich lernte eine sehr aufgeschlossene junge Frau aus Schanghai kennen. Wir unterhielten uns, als würden wir uns schon ewig kennen und es schien kaum eine Rolle zu spielen, dass wir aus völlig unterschiedlichen Kulturkreisen stammten. Träume, Hoffnungen und menschliche Probleme sind überall die gleichen. Über die Unterschiede des Alltags in unseren Heimatländern und vieles mehr konnten wir uns auch in den darauf folgenden Monaten oft stundenlang unterhalten. Meine Erinnerungen an die gemeinsamen Gespräche mit ihr gehören zu den schönsten und wertvollsten der Zeit in Cranfield.

Die wohl eindrucksvollste Party für mich war die letzte, nur zwei Tage vor unserer Abreise. Ein argentinisches Paar lud jene Ausländer ein, die am Anfang des Jahres an dem Vorbereitungskurs teilgenommen hatten. Im Laufe des Abends erschienen fast alle und unter dem Einfluss des nahen Abschieds entstand eine noch nie dagewesene Stimmung. Es kam zu außergewöhnlich offenen, klärenden Gesprächen. Zu fortgeschrittener Stunde schlug einer der Studenten vor, jeder möge nach vorn treten und ein paar Sätze als Reflexion über das Jahr äußern. Die Idee wurde von allen aufgenommen. Wer auf den Polstermöbeln keinen Platz fand, setzte sich auf den Teppich der überfüllten Wohnstube. Doch dann fiel es fast jedem schwer, seine Gedanken und Gefühle in Worte zu fassen. Viele wurden an ihr Drei-Minuten-Video erinnert, nur war dies eine ungeplante und vor allem sehr emotionale Angelegenheit. Es kamen Ansichten zur Sprache, die noch vor wenigen Wochen undenkbar gewesen wären und keiner von ihnen hätte geahnt, sie je zu äußern. Einige entschuldigten sich dafür, dass sie sich in den vergangenen Monaten so arrogant verhalten hatten. Überhöhte Angaben über sich selbst wurden zurückgenommen. Zu hoch gesteckte berufliche Vorhaben sollten revidiert werden. Der Wert von Freundschaften und der Beistand einiger Studenten bekamen einen größeren Stellenwert als der errungene Titel. Selbst wenn manche nur wenige Worte über die Lippen brachten, kam doch zum Ausdruck, dass sich im letzten *Term* eine Wandlung vollzogen hatte. Bei einigen erst zaghaft und im Ansatz – manch einer brauchte wohl Jahre, um wieder einigermaßen normal zu werden –, aber verändert hat dieses Jahr jeden.

Als ich an die Reihe kam, etwas zu sagen, bedankte ich mich bei all jenen, die auch in den schwierigen Zeiten von mir Notiz genommen hatten und ein Lächeln oder ein paar nette Worte für mich fanden. Ich erinnerte mich, welchen Eindruck die Personen vor einem Jahr auf mich gemacht hatten. Nun, wo sie bald keine MBA-Studenten mehr waren, wünschte ich ihnen, dass sie viele ihrer vernachlässigten oder verkümmerten Werte wiederfinden mögen. Der anerkennende Beifall zeigte mir, wie viele dies bereits selbst erkannt hatten.

Für mich steht außer Frage, dass auch der Partner eines MBA-Studenten und die gemeinsame Beziehung eine Wandlung durchläuft. Nur wenn man diesen Weg gemeinsam geht, kann man auch am gleichen Ziel ankommen. Zerbricht die Beziehung während dieser Zeit, hätte sie auch nicht für das Zusammenleben mit einem Manager getaugt.

Während des Jahres erfuhr ich von einigen Studenten, deren Partner sie nicht begleitet hatten, dass es zu einer Trennung gekommen war. Meist hatte es im gemeinsamen Urlaub oder innerhalb der zu Hause verbrachten Zeit heftige Auseinandersetzungen gegeben. Wer nicht nachvollziehen kann, wie die Veränderung der Persönlichkeit entstanden ist, was vorübergehende Erscheinungen sind und was der bleibende Stempel ist, der den Menschen mit dem MBA-Studium aufgedrückt wird, der kann nur schlecht damit umgehen. Eine dieser Partnerinnen erzählte mir mit absolutem Unverständnis von all den Einzelheiten, die auch mir und so vielen anderen zu schaffen gemacht hatten. Aber wir kannten die Ursachen, haben uns gegenseitig unterstützt und sind deshalb selbst gestärkt aus diesem Jahr hervorgegangen.

Auch ein Partner erringt in dieser Zeit einen gewissen Sieg, wenn er den Kampf gegen all die Widrigkeiten gewinnt und die Beziehung diese Bewährungsprobe besteht.

Ein Jahr später – Post-MBA-Reflections

Viele Menschen hatten mir in meiner Entscheidungsphase erzählt, dass ein MBA-Studium Veränderungen der Persönlichkeit mit sich bringen würde. Einige warnten mich sogar davor. Sie alle haben Recht behalten!

Die Tatsache, an einer *Business School* studieren zu können, der Wettbewerb unter den Studenten, unsere kleinen und großen Erfolge, das professionelle Verhältnis zu unseren Professoren und vieles mehr ließen uns Studenten nach kurzer Zeit auf einer Wolke schweben, von der aus wir teilweise den Boden nicht mehr erkennen konnten. Dies ist von der Schule durchaus beabsichtigt, die Studenten sollen aufgebaut werden, um sie zu fachlichen und persönlichen Höchstleistungen zu bringen.

Vielleicht waren meine Höhenflüge besonders ausgiebig. Der lange Zeitraum, in dem ich mich immer wieder mit dem MBA-Studium auseinander gesetzt hatte und meine Überzeugung davon, dass dies nun der einzig richtige Schritt für mich war, motivierten mich außerordentlich. Ich konnte anfänglich fast nicht glauben, dass ich nun tatsächlich für ein Jahr an einer *Business School* studieren durfte. Mit zweihundert anderen Studenten aus aller Welt gemeinsam zu lernen und mich mit meinen Karriereplänen auseinander zu setzen, fand ich großartig. Ein Jahr, das ich nur für mich nutzen konnte! Während der offiziellen Begrüßung aller Studenten und in den ersten Vorlesungen sagte ich im Stillen zu mir: „Du bist nun ein MBA-Student an einer Top-Schule", und es lief mir dabei fast ein Schauer den Rücken herunter. Ein Gefühlt, als wenn man etwas ganz Schwieriges geschafft hat oder sich gerade einen Traum erfüllt. Ich war begierig, alle Business-Fragen, für die ich in meinen vergangenen Berufsjahren nur unzureichende Antworten hatte, wie ein Schwamm in mich aufzusaugen. Dabei spielten für mich die harten Kompetenzen eine ebenso große Rolle wie softe Themen, also Teamarbeit, Personalmanagement und *Leadership*.

Wenn es großen Zeitdruck in unseren Teammeetings gab oder sich wieder einmal Bewertungstermine unglücklich häuften, dann sagte ich schon mal zu meinen Kollegen „Ist es nicht großartig, an dieser *Business School* zu sein?" Das kam aus meinem Innersten, klang aber wahrscheinlich für meine Gesprächspartner ziemlich arrogant. Natürlich war ich dem gleichen Stress ausgesetzt und stand teilweise auch kurz vor der totalen Erschöpfung. Aber genau das hatte ich vom MBA erwartet und die Tatsache, dass ich genau so ein Studium wollte, ließ mich den Druck mental gut verkraften.

Diese übertriebene Motivation, die fast alle Studenten das Jahr über antrieb und von Außenstehenden regelmäßig als Arroganz empfunden wurde, war eine vorübergehende Erscheinung. Eine Situation, die ich in einer derart starken Ausprägung nur beim MBA kennen gelernt habe und von der ich keine Minute missen möchte. Bei den meisten Absolventen normalisierte sich dieses Gefühl bereits gegen Ende des Studiums oder wenige Monate nach dem Abschluss.

Was für mich davon blieb, sind eine hohe Motivation und eine positive Grundeinstellung für alles Neue, das auf mich zukommt. Ich sehe heute unerwartete Probleme nicht mehr als schier unlösbare Bürden, sondern ähnlich wie beim MBA-Studium, als Herausforderungen, die es gilt, mit den geeigneten Ressourcen zu lösen. Meinungen anderer, die von meinen Vorstellungen abweichen, werte ich heute nicht mehr als Bedrohung meiner Position, sondern als willkommenen Input, der eine Angelegenheit voranbringen oder ein Thema weiterentwickeln kann.

Ich bin ehrlicher zu mir selbst geworden, kenne meine Stärken und Schwächen nun besser. Ich bekam Klarheit über meine beruflichen Möglichkeiten und Ziele und kann mit den damit verbundenen Kompromissen zwischen Berufs- und Privatleben besser umgehen. Ebenso sehe ich heute meine Mitmenschen im Beruf. Man muss private Interessen respektieren, denn der Job macht nur einen Teil des Lebens aus. Wie groß dieser ist, bestimmt jeder für sich selbst.

Es gelang mir meine Angst, vor Publikum zu sprechen, zu überwinden. Heute nutze ich pro-aktiv alle sinnvollen Gelegenheiten, um in Vorträgen und Gesprächen meine „Message rüberzubringen", denn nur eine kontinuierliche und überzeugende Kommunikation kann eine Organisation weiterentwickeln.

Das MBA-Studium hat mich angeregt, fortwährend über meine persönliche Entwicklung nachzudenken und meine Erkenntnisse daraus zu einer weiteren bewussten Veränderung zu nutzen.

Unumstritten geben mir die erworbenen Fachkenntnisse in den verschiedenen Managementfeldern ein unbezahlbares Rüstzeug für meine berufliche Entwicklung, jetzt und in der Zukunft. Die von mir gewählten Studienschwerpunkte *Finance, Strategy, Economics* und *Entrepreneurship* bilden ein komplementäres Wissenspaket als Ergänzung zu meiner bisherigen Berufserfahrung. Auch der Zeitpunkt Anfang bis Mitte 30 war für mich ideal, da ich viele theoretische Themen im Licht meiner persönlichen Erfahrungen reflektieren konnte. Ich habe bis heute noch keine ROI-Kalkulation für meine MBA-Investition gemacht und sehe es für mich auch als unnötig an. Das MBA-Studium in Cranfield hat meine Erwartungen voll und ganz erfüllt. Ich erhielt damit die für meinen Job so dringend benötigte Verbreiterung meiner fachlichen Kompetenzen, verbunden mit einer persönlichen Weiterentwicklung.

Jeden, der über die erforderlichen Grundvoraussetzungen verfügt und an seiner persönlichen Weiterentwicklung interessiert ist, kann ich nur ermutigen, sich mit dem Thema MBA auseinander zu setzen.

Für einen mitreisenden Partner und die Beziehung kann sich die Zeit des Studiums zeitweise als echte Herausforderung darstellen. Der Partner ist in seiner Statistenrolle am Campus allen Höhenflügen und Abstürzen des Studenten ungeschützt ausgeliefert. Er muss Verständnis zeigen für Freudenausbrüche und Trost spenden in schwierigen Phasen.

Für mich als Student wirkte meine verständnisvolle Frau am Campus beinahe wie Doping. Ich hatte einen Bezugspunkt außerhalb der Studentenschaft, einen Menschen, der mich liebte und der mir zuhören wollte. Darüber hinaus musste ich mich um nichts anderes neben dem Studium kümmern, wurde regelmäßig mit gutem Essen versorgt und hatte jemanden Nahestehenden, mit dem ich meine wenige Freizeit erholsam verbringen konnte. Für eine partnerschaftliche Beziehung ist es unersetzbar, diese prägende Zeit zusammen zu erleben und die damit verbundenen Persönlichkeitsveränderungen in kleinen Schritten zu durchwandern.

Hier ist auch die richtige Stelle, an der ich von ganzem Herzen meiner lieben Frau Christiane danken möchte. „Danke für das gemeinsame Jahr in Cranfield und für das unerschöpfliche Verständnis, das du mir in dieser Zeit entgegengebracht hast." Mit ihrer liebevollen und tatkräftigen Unterstützung hat Christiane nicht nur mein berufliches Engagement im In- und Ausland wesentlich erleichtert, sondern auch maßgeblich zur Erarbeitung des vorliegenden Buchtextes beigetragen. Sie schrieb das fünfte Kapitel „Die Stimme aus dem Hintergrund – His Partner's Voice" und konnte mir mit ihrer Erfahrung als junge Buchautorin viele wertvolle Hinweise gegeben.

Teil 2

Checklisten

Checkliste 1
Entscheidung, Bewerbung, Vorbereitung

1. Persönliche Situation

- Private und berufliche Ziele
  - ➤ Wo und wie möchte ich leben und arbeiten?
  - ➤ Welche Laufbahn strebe ich an?
  - ➤ Was möchte ich dafür einsetzen?
- Welche Weiterbildung benötige ich dafür?
- Kann ein MBA-Studium meinen fachlichen und persönlichen Entwicklungsbedarf abdecken?
- Welcher Zeitpunkt ist dafür passend?
- Ist ein Berufsausstieg möglich?
- Kann ich ein MBA-Studium mit meinem Partner oder mit meiner Familie vereinbaren?
- Was kostet ein MBA-Studium?
  - ➤ Siehe Checkliste Kosten
- Welche Finanzierungsmöglichkeiten stehen mir dafür zur Verfügung?
  - ➤ Siehe Checkliste Finanzierung

2. Sammlung von Informationen

- Ablauf, Schulen, Möglichkeiten
- Informationsquellen
  - ➤ MBA-Absolventen im Bekanntenkreis
  - ➤ Bücher, Internet, Messen
  - ➤ Siehe Infopaket Literaturhinweise
  - ➤ Siehe Infopaket Internet-Links

3. Auswahl einer geeigneten Schule

- Siehe Checkliste Auswahl

4. Einbindung des Arbeitgebers

- Zeitraum
- Ausstieg auf Zeit oder nebenberuflich
- Mögliche Nachfolgeregelung im Job
- Finanzierung
  - ➤ Siehe Checkliste Finanzierung
- Bereitschaft für Referenzschreiben

5. GMAT und TOEFL

- Infos über Prüfungsanforderungen etc. einholen
  - ➤ Siehe Checkliste Internet-Links
- Ausreichend Zeit für Vorbereitung und Organisation der Testtermine einplanen
- Testorte und Testtermine
- Vorbereitung: Selbststudium, Kurs
- Anmeldung und Zahlung der Testgebühren
- Durchführung der Tests
- Testergebnisse werden mit der Post geschickt
- Einige Schulen benötigen keinen *GMAT*, führen aber eigene Prüfungen durch
  Empfehlung: Für eine größere Auswahl der Schulen auf

jeden Fall einen *GMAT* durchführen, im Übrigen ist es eine gute Englischübung.

6. Bewerbungsunterlagen

● Erstellung der Bewerbungsunterlagen für ausgewählte Schulen
  Empfehlung: Mehrere Schulen anschreiben, um einen Platz im gewünschten Zeitraum zu sichern; eine „Backup-Schule" mit niedrigeren Aufnahmeanforderungen kann eine ausgezeichnete Lösung sein, wenn man bei Top-Schulen abgelehnt wird, man bekommt damit zumindest die MBA-Lerninhalte

● Komplette Unterlagen einsenden, das vermeidet Absagen wegen Unvollständigkeit und beschleunigt den Prozess:
  ➤ Essays
  ➤ Lebenslauf
  ➤ Fotos
  ➤ Testergebnisse *GMAT* und *TOEFL* oder *IELTS*
  ➤ Beglaubigte Kopien von Zeugnissen und Abschlüssen
  ➤ Mindestens zwei Referenzschreiben von Vorgesetzten (auch ehemalige) und eventuell ehemaligen Professoren
  Empfehlung: Ausreichend Zeit für die Einholung der Referenzen einplanen; Vordrucke mit Fragen sind im Anmeldepaket der Schulen enthalten
  ➤ Anmeldegebühr

7. Absagen/Einladungen zu Interviews

● Nach etwa vier Wochen sollten Antworten der *Business Schools* vorliegen

8. Besuch der Schulen

Empfehlung: Schulen besuchen, um sich ein Bild von der Uni und dem Lehrbetrieb machen zu können

- Möglichst an einem *Open Day* teilnemhen, zumindest aber Interviewtermin vereinbaren
- Studien- und Freizeiteinrichtungen
- Unterkünfte
  Empfehlung: Partner unbedingt mitnehmen
- Bewertung der Schulen und Erstellung „Shortlist"

9. Absage oder Annahme durch die Schulen

- Nach wenigen Tagen hatte ich telefonische Zusagen erhalten
- Eine schriftliche Zusage kann mehrere Wochen dauern

10. Absage/Zusage durch Kandidaten

- Endgültige Auswahl der Schule aus der „Shortlist" und den erhaltenen Annahmebestätigungen
- Zahlung der ersten Rate der Studiengebühr
- Bestätigung über Finanzierung des Programms
  - ➤ Kostenübernahmeerklärung vom Arbeitgeber
  - ➤ Kontoauszug mit ausreichend Cash
  - ➤ Finanzierungszusage einer Bank
  - ➤ Bestätigung eines Stipendiums

11. Detailklärung mit Arbeitgeber

- Nachfolger/Zeitplan für Jobübergabe
- Urlaub
- Finanzielle Unterstützung
  - ➤ Siehe Checkliste Finanzierung
- Job nach Rückkehr gemeinsam vereinbaren
  - ➤ Nach meinen Erfahrungen ist dies weder erforderlich noch hilfreich
  - ➤ Zeiten und Situationen ändern sich schnell und der Job kann von der Firma nicht garantiert werden

➤ Neue Eindrücke beim MBA-Studium können die eigenen Interessen, Ziele und Erwartungen grundlegend verändern
➤ Der MBA-Abschluss bietet einen großen Reigen an alternativen Möglichkeiten, die eine derartige Vereinbarung nicht erforderlich machen
● Eventuell kündigen
➤ Wenn der Arbeitgeber keine unbezahlte Freistellung gewähren möchte

12. Finanzierung festmachen

● Siehe Checkliste Finanzierung

13. Detailklärungen mit der *Business School*

● Vorbereitungsprogramm
● Unterkunft
● Hilfe/Angaben für Visa und Krankenversicherung
● Verschiedene Fragebögen von der Schule
➤ z. B. PC-Kenntnisse etc.

14. Partner/Familie

Empfehlung: Der MBA bewirkt bei vielen Studenten eine nachhaltige Persönlichkeitsveränderung. Obwohl die Studienzeit für den Partner schwierig werden kann, hat es sich bewährt, diese Zeit gemeinsam zu erleben. Man wächst sozusagen gemeinsam in einen neuen Lebensabschnitt hinein.
● Entscheidung mit oder ohne Familie?
● Umfang Umzug/Größe Unterkunft
● Job des Partners: Unterbrechung/Kündigung
● Job/Studium des Partners im Gastland
● Kinder
➤ Kindergarten/Schulpflicht/Schulwechsel?
➤ Und vieles mehr

15. Versicherungen

- Krankenversicherung
  - ➤ Weiterführung in Deutschland
  - ➤ Eventuell Beitragsfreistellung
  - ➤ Eventuell Auslandsreise-Krankenversicherung
  - ➤ Sozialversicherungsabkommen innerhalb der EU
  - ➤ Annahme Krankenversicherung des Gastlandes (für Studenten eventuell kostenlos)
- Rentenversicherung
  - ➤ Beitragsfreie Zeit?
  - ➤ Zahlung von freiwilligen Beiträgen?
  - ➤ Absicherung der Familie während eines beitragsfreien Zeitraums
- Andere Versicherungen
  - ➤ Prüfung der Gültigkeit im Ausland

16. Laufende Verpflichtungen

- Was kann verkauft oder eingestellt werden (Wohnung, Auto etc.)?
- Was muss weiterlaufen?
- Eventuell Beitragsfreistellungen
- Eventuell Abbuchungsaufträge an Bank
- Siehe Checkliste Kosten

17. Packen

- Fachbücher
- Arbeitsmaterial
- Kleidung
- Sport/Freizeit
- Eventuell wichtige Küchenutensilien
- Persönliche Sachen
- Dinge und Unterlagen für Partner/Familie

18. Reisevorbereitungen

- Visa-Bestimmungen
  - ➤ Frühzeitig klären und beantragen
- Flüge frühzeitig buchen
- Bei Autoanreise
  - ➤ Möglichst vorher noch zum Händler-Service/Werkstatt
  - ➤ Zollbestimmungen beachten
  - ➤ Gültigkeit des Führerscheins prüfen; eventuell internationalen Führerschein ausstellen lassen
  - ➤ England: Fähre oder Kanaltunnel frühzeitig buchen
- Wohnung:
  - ➤ Kündigen oder untervermieten?
  - ➤ Leer stehen und betreuen lassen?
  - ➤ Lüften, Heizen, Zähler ablesen etc.
- Post nachsenden lassen
- Bei großem Umzugsvolumen oder Vollumzug
  - ➤ Spediteur frühzeitig organisieren
  - ➤ Angebot, Termine
  - ➤ Zeit für Packen, Laden, Transport, Ausladen

Checkliste 2
Auswahl der Schule

Die folgende Zusammenstellung von Kriterien hat mir bei der Auswahl der passenden *Business School* geholfen.

1. Typ des MBA-Programms

Es standen im Wesentlichen zwei MBA-Programmtypen zur Auswahl: *Full-Time* und *Part-Time* (auch *Executive*-Programm genannt).

Nach zehn Jahren im Beruf betrachtete ich das MBA-Studium auch als eine Art Ausstieg aus dem Arbeitsleben auf Zeit. Ich wollte mich nicht über Jahre neben der Arbeit mit noch einem Thema belasten, sondern mich ausschließlich auf das Lernen und meine persönliche Weiterentwicklung konzentrieren.

➤ Suche nach Vollzeit-Programmen

2. Dauer des MBA-Programms

Ich hatte die Wahl zwischen ein- und zweijährigen Programmen. Zwei Jahre beinhalteten die Absolvierung eines mehrmonatigen Praktikums und bedeuteten eine Verdopplung der Studiengebühren, Lebenshaltungskosten und des zu erwartenden Verdienstausfalls. Ich benötigte kein Praktikum und wollte mit Anfang dreißig keinesfalls länger als ein Jahr aus dem Beruf aussteigen, um in meiner schaffensreichsten Lebensphase nicht zu viel Zeit zu verlieren. Darüber hinaus wollte ich die Gesamtkosten in einem für mich akzeptablen Rahmen halten.

➤ Suche nach einjährigen Programmen

3. Fachlicher Schwerpunkt

Es stand für mich fest, in welchen Bereichen ich mich fachlich weiterentwickeln musste: Finanzmanagement, Strategie und Betriebswirtschaft/Volkswirtschaft bildeten dabei die Schwerpunkte. Viele Schulen boten Spezialisierungen für verschiedene Fachrichtungen an. Da mir vorgegebene Gleise für mein Studium nicht die gewünschte Flexibilität gaben, suchte ich nach Generalisten-Programmen, die mir im zweiten Halbjahr möglichst große Möglichkeiten zu einer individuellen Zusammenstellung von Kursen und Projekten boten.

➤ Suche nach Generalisten-Programm mit einer großen Vielfalt von Wahlfächern

4. Studienort/Gastland

Das Gastland stellte für mich einen entscheidender Faktor für die Auswahl der geeigneten *Business School* dar. Ich hatte in meiner bisherigen Arbeit festgestellt, wie dominierend der Einfluss der angelsächsischen Geschäftskultur war. Um darüber mehr zu erfahren, wollte ich mein Studium in einem angelsächsischen Land absolvieren. Hinzu kam der Wunsch, meine Englischkenntnisse endlich auf ein zufriedenstellendes Niveau zu bringen und mich während des MBA-Studiums mit keiner anderen Sprache zu beschäftigen. Das konnte ich nur in einem englischsprachigen Land erreichen – Englisch in fast allen Lebenslagen.

➤ Länderauswahl aufgrund kultureller und sprachlicher Präferenzen

5. Renommee der Schule

Auch wenn es nicht an erster Stelle stand, so war es doch für mich wichtig, dass die Schule meiner Wahl in den verschiedenen *Rankings* möglichst weit vorn lag. Immerhin war ich darauf vorbereitet, für das Abenteuer MBA-Studium viel Geld zu investieren. Für eine Top-Schule war ich bereit ein paar Scheine mehr in die Hand zu nehmen. Zum Zeitpunkt meiner Auswahl hatte ich noch keine Unterstützungszusage von meinem Arbeitgeber. Ein Abschluss von einer Top-Schule mit hohem Bekanntheitsgrad ließ sich besser verkaufen und ich brauchte mir keine Sorgen über die Qualität des Programms machen.

➤ Suche nach Top-Schulen

6. Studiengebühren und Nebenkosten

In den Studiengebühren unterschieden sich die vielen weltweiten MBA-Anbieter erheblich. In einigen Ratgebern und Websites wurden vorkalkulierte jährliche Gesamt-Studienbudgets zum Vergleich dargestellt.

Mit meiner Entscheidung, ein Top-Programm absolvieren zu wollen, lag ich mit den Studiengebühren im oberen Bereich der Gebührenskala. Einfluss auf die Gesamtkosten hatten nur noch die Dauer des Programms und der Ort der Schule. Die Lebenshaltungskosten, also der Ort, waren nicht ausschlaggebend für meine Entscheidung, wohl aber die Dauer des Programms. Im Hinblick auf eine potentielle Verdoppelung der Kosten und meines Verdienstausfalls bei der Absolvierung eines zweijährigen Programms legte ich mich auf ein Jahr fest.

➤ Bestätigung Top-Schule und einjähriges Programm

7. Durchschnittsalter der Studenten

Mit 33 Jahren gehörte ich nicht mehr zu den jüngsten unter den MBA-Studenten. Auch blickte ich zu diesem Zeitpunkt auf eine nicht unerhebliche Berufserfahrung im In- und Ausland zurück. Der Lernprozess in MBA-Programmen besteht zu einem beachtlichen Teil aus der Zusammenarbeit der Studenten in Teams. Die Studenten lernen dabei ebenso viel voneinander wie in den Vorlesungen. Dies erzeugte bei mir den Wunsch, mein bevorstehendes Studienjahr mit möglichst erfahrenen Kollegen zu verbringen.

➤ Suche nach Schulen mit Durchschnittsalter über 30

8. Abschlussprojekt/Thesenpapier

Viele Schulen forderten in der zweiten Hälfte ihres Programms die obligatorische Durchführung eines so genannten Abschlussprojektes mit Erarbeitung eines Thesenpapiers. Diesem Zwang wollte ich mich in meinem Studium nicht aussetzen. Für mich persönlich stellte mein MBA-Studium eine wichtige Weiterbildungsmaßnahme für fehlendes theoretisches Wissen dar, das mir für meine Arbeit fehlte. Mein Interessenschwerpunkt lag daher auf dem Besuch von Vorlesungen renommierter Professoren mit allem, was dazugehört. Ich wollte die Zeit meines beruflichen Ausstiegs nicht mit monatelanger Arbeit an Projekten und Thesenpapieren verwenden.

➤ Suche nach Programmen ohne obligatorischem Abschlussprojekt und mit größtmöglicher Flexibilität im zweiten Halbjahr

9. Akkreditierung

Das Angebot an *Business Schools* war hoffnungslos unübersichtlich. Ich griff nach jedem Strohhalm, jeder Information, die mir half, die verschiedenen MBA-Programme zu bewerten und zu unterscheiden. Neben unzähligen Daten und verschiedenen *Rankings* gaben mir vor allem die Akkreditierungen europäischer und amerikanischer Institute qualitative Anhaltspunkte, an denen ich mich orientieren konnte.

Das wichtigste Akkreditierungsinstitut in Europa ist die *European Foundation for Management Development* (*efmd*). Der größte Verband von *Business Schools* in Europa hat mit *EQUIS* (*European Quality Improvement System*) ein Akkreditierungssystem nach europäischen Ansprüchen entwickelt.

Für die Akkreditierung nach US-Standards steht die *Association to Advance Collegiate Schools of Business* (*AACSB*). Das US-amerikanische Zertifizierungsinstitut ist eingesetzt und anerkannt vom Erziehungsministerium der USA.

Eine weitere Akkreditierung kommt von der *Association of MBAs* (*AMBA*), dem internationalen Verband der MBA-Absolventen mit Sitz in England. Diese Akkreditierung ist vor allem für britische *Business Schools* von Bedeutung.

Für die Akkreditierung deutscher MBA-Schulen hat der deutsche Akkreditierungsrat die *Foundation for International Business Administration Accreditation (fibaa)* beauftragt. Die *fibaa* ist eine Stiftung der deutschen, österreichischen und schweizerischen Wirtschaft, die für den Akkreditierungsrat die eigentlichen Prüf- und Qualitätssicherungsverfahren durchführt.

Ich hatte bei akkreditierten Schulen das gute Gefühl, dass bestimmte Mindestanforderungen bei ihren MBA-Programmen eingehalten wurden. Durch mein Interesse an einer *Top-School* brauchte ich mir um dieses Thema wenig Sorgen machen. Schulen dieser Liga führen im Eigeninteresse alle möglichen Akkreditierungszertifikate, um sich auch darin von der immer größer werdenden Flut von MBA-Anbietern zu unterscheiden.

➤ *EQUIS-* und *AACSB*-Akkreditierung als Mindestanforderung

10. Weitere mögliche Auswahlkriterien

Die weiteren Kriterien für die Auswahl geeigneter *Business Schools* spielten in meinem persönlichen Auswahlprozess nur eine untergeordnete Rolle. Sie mögen aber im Einzelfall interessante Anhaltspunkte geben.

➤ Aufnahmeanforderungen
➤ Internationalität
➤ Kooperation mit anderen Schulen
➤ Durchschnittliche Wiedereinstiegsgehälter der Absolventen
➤ Fakultät und Lehrplan
➤ Alumni-Netzwerk und Alumnis in Top-Positionen
➤ Karriereservice

Checkliste 3
Kosten

1. In der Zeit vor dem Studium

- Literatur
- Messebesuche
- Vorbereitungsmaßnahmen für *GMAT* und *TOEFL*, Kurs oder Unterlagen
- *GMAT*- und *TOEFL*-Gebühren
- Bewerbungsgebühren
- Interviewreisen zu ausgewählten Schulen

2. Für das Studium

- Kosten für die An- und Abreise zum/vom Studienort
- Studiengebühr
- Lehrbücher
- Arbeitsmaterial
- Eventuell eigener PC und Drucker, wenn die Schule diese nicht zur Verfügung stellt
- Veranstaltungen wie Weihnachtsparty, Abschlussfeier und *Graduation Ball*
- Reisekosten für freiwillige MBA-Aktivitäten, wie MBA-Fußball- und Rugby-Meisterschaften oder MBA-Segelregatta etc.

3. Lebenshaltungskosten bei einem Vollzeitstudium

- Mit oder ohne Familie
- Wohn- und Wohnnebenkosten
- Unterkunft während des Vorprogramms
- Verpflegung
- Eventuell Auto am Studienort
- Eventuell Studiengebühren für Partner

- Individuelle Freizeitaktivitäten, wie z. B. Sport, Theaterbesuche etc.
- Reisen und Urlaub

4. Andere Kosten

- Weiterlaufende Mietkosten, wenn die Wohnung zu Hause nicht aufgegeben wird
- Andere weiterlaufende Verpflichtungen zu Hause
- Beiträge zur Sozialversicherung, wenn keine Beitragsfreistellung vereinbart wurde
- Eventuell Auslandskrankenversicherung
- Reisekosten für Bewerbungsinterviews im Rahmen der Jobsuche

5. Verdienstausfall

- Abhängig von der Vereinbarung, die man mit dem Arbeitgeber treffen kann. Von unbezahlter Freistellung bis zum vollen Gehalt ist alles möglich.
  ➤ Siehe Checkliste Finanzierung
- Für eine Gesamtkostenbetrachtung ist ein erwarteter Verdienstausfall zu berücksichtigen

Checkliste 4
Finanzierung

1. Sponsoring durch den Arbeitgeber

Die eleganteste Art der Finanzierung läuft über den Arbeitgeber. Wer es schafft, seine Vorgesetzten von der wichtigen Weiterbildungsmaßnahme MBA zu überzeugen, hat eine große Sorge weniger. Einige Studenten absolvierten ihr vom Arbeitgeber finanziertes Studium bei vollem Gehalt – sie waren jedoch die Ausnahme. Die Möglichkeiten zur Unterstützung eines MBA-Studenten durch den Arbeitgeber sind vielseitig. Studiengebühren, Gehalt und Arbeitsverhältnis bilden dabei die wesentlichen Eckpunkte, über die es sich lohnt zu verhandeln. Dabei ist zu berücksichtigen, dass die Studiengebühren steuerlich als Betriebsausgabe wirken, zum Gehalt jedoch noch ein beachtlicher Arbeitgeberanteil dazukommt. Ein (unbezahltes) Fortbestehen des Arbeitsverhältnisses ist für einen Arbeitgeber mit dem geringsten Aufwand verbunden.

Da die Rückkehrrate von MBA-Absolventen nach internen Studien einer mir bekannten Firma unter 50 Prozent liegt, koppelt der Arbeitgeber seine Unterstützungsleistung gern an eine mehrjährige Verpflichtung des Mitarbeiters nach Abschluss des Studiums. Es ist nur fair, wenn ein Mitarbeiter, der nicht mehr zurückkehrt oder die Firma vorzeitig verlässt, sein Sponsoring zurückbezahlt.

Ich hatte Folgendes mit meinem Arbeitgeber vereinbart:
- Übernahme der Studiengebühren
- Unbezahlte Freistellung für die Dauer des Studiums
- Dreijährige Verpflichtung nach Rückkehr vom Studium
- Bei frühzeitigem Ausscheiden aus der Firma Rückerstattung der zeitanteiligen Studiengebühren
- Für die Sozialversicherung kam ich selbst auf

Mit dieser Unterstützung war ich sehr zufrieden, denn ich musste nur noch für die Lebenshaltungs- und Nebenkosten aufkommen. Vor allem gab mir das weiterlaufende Beschäftigungsverhältnis ein gutes Gefühl. Es ließ mich während der Jobsuche im zweiten Teil des Studiums entspannt und ausgeglichen an die Interviews herangehen.

2. Stipendium (*Scholarship*)

MBA-Studenten steht eine wachsende Zahl von Stipendien aus unterschiedlichen Quellen zur Verfügung. *Business Schools*, Alumni Clubs, Weltbank und staatliche Einrichtungen bieten finanzielle Unterstützung an, vom Zuschuss bis hin zur Übernahme der kompletten Studiengebühren und Lebenshaltungskosten. Dabei haben sie gemeinsam, dass sie sich nur an Bewerber mit ausgezeichneten Abschlüssen und Referenzen richten.

Stipendien von Weltbank und staatlichen Einrichtungen (z. B. British Council) fördern meist Kandidaten aus Entwicklungsländern. Einzelne Schulen, wie z. B. die Rotterdam *Business School,* schreiben für PR-Zwecke Wettbewerbe für Stipendien aus. Es gibt aber auch eine Reihe von zwischenstaatlichen Austausch- und Fördermaßnahmen. Ansprechstellen für deutsche Stipendienprogramme sind zum Beispiel:

● Deutscher Akademischer Austauschdienst, Bonn
● Studienstiftung des deutschen Volkes, Bonn
● *Fulbright Commission* (für USA-Schulen)
● Rotary Club
● *Council on International Educational Exchange (CIEE),* in den Amerika-Häusern (für USA-Schulen)

Die Internet-Adressen der Ansprechstellen sind im Infopaket Internet-Links zu finden.

Aktuelle Informationen zum Thema Stipendium gibt es auch auf

MBA-Websites (siehe Infopack Internet-Links) und auf den Homepages von *Business Schools* unter „Funding" oder „Financing".

3. Ersparnisse oder Darlehen

Der größte Teil der Studenten meines Jahrgangs hat sein Studium selbst finanziert, mit eigenen Ersparnissen oder durch Darlehen. Einige Studenten waren dadurch gegen Ende des Jahres erheblich unter Druck geraten, zumindest irgend einen Job anzunehmen. Sie mussten die ersten Raten ihres Darlehens zurückzahlen, die teilweise gleich nach Abschuss des Studiums fällig waren.

Quellen für Darlehen sind neben der eigenen Bank auch die Universitäten selbst oder einige auf das MBA-Studium spezialisierte Institute. Die HSBC-Bank bietet zum Beispiel in Zusammenarbeit mit der *Cranfield School of Management* ein Darlehen für Studenten unter dem Namen *Cranfield Loan Scheme* an, das auch internationalen Studenten zur Verfügung steht.

In vielen Ländern stellen staatliche Institutionen Studiendarlehen unter bestimmten Konditionen zur Verfügung. Meist jedoch nur für Bewerber mit inländischem Wohnsitz.

Weitere aktuelle Informationen dazu gibt es bei den einschlägigen Instituten, auf MBA-Websites (siehe Infopaket Internet-Links) und auf den Homepages von *Business Schools* unter „Funding" oder „Financing".

4. Eltern/Familie

Vor allem jüngere Studenten meines Jahrganges griffen gern auf die Finanzierung durch die Eltern, sprich die Familie, zurück. Einige sahen die Unterstützung als eine Art Familiendarlehen und wollten dieses zu einem späteren Zeitpunkt wieder zurückzahlen.

5. Kombinationen

Abgesehen von bestimmten Stipendien oder wenigen Arbeitgebern werden nur selten alle Kosten des Studiums aus einer Quelle gedeckt. Eine Kombination der oben beschriebenen Varianten war die häufigste Art, wie die Studenten meines Jahrgangs die Finanzierung der nicht unerheblichen Kosten sicherstellten.

6. Steuerliche Aspekte in Deutschland

Eine Feststellung des Bundesfinanzhofes von 1996 bringt etwas Klarheit in das Thema steuerliche Absetzbarkeit der Kosten für ein MBA-Studium. Hierzu gibt es eine Reihe steuerfachlicher Auslegungen und Rechtsauffassungen. Die wesentliche Frage, ob die beim MBA-Studium entstandenen Ausgaben Berufsausbildungskosten oder Fortbildungskosten sind, ist für jeden Steuerpflichtigen individuell zu beantworten. Es ist daher empfehlenswert, vor Aufnahme des Studiums mit dem zuständigen Finanzamt zu sprechen oder einen Steuerfachmann mit der Klärung des Themas „MBA – Kosten und Steuern" zu beauftragen.

Weitere Informationen und unverbindliche Aussagen dazu gibt es auf einigen MBA-Websites unter Finanzierung (siehe Infopaket Internet-Links).

Infopakete

Infopaket 1
Literaturhinweise

1. Deutschsprachige Bücher

„Das MBA-Studium"
von Birgit Giesen und Jörg E. Staufenbiel, 576 Seiten, Kartaus Verlag Regensburg

Orientierungs- und Entscheidungshilfen zur Auswahl des für Sie persönlich geeignetesten Programms

„Der MBA Guide"
von Hans-Jürgen Brackmann und Detlev Kran, 260 Seiten, Hermann Luchterhand Verlag

Zahlen, Daten, Fakten vornehmlich von deutschen MBA-Programmen sowie Entscheidungshilfen

„Die besten MBA-Programme in Europa. Entscheidungshilfen für Ihre Karriereplanung"
von Wilhelm H. Cox und Katharina Cox, 294 Seiten, Frankfurter Allgemeine Zeitung

Entscheidungshilfe und Wegweiser durch die europäischen MBA-Programme

2. Englischsprachige Bücher

„Which MBA? – A critical guide to the worlds best MBAs"

von George Bickerstaffe, 14. Auflage, 528 Seiten, Economist Intelligence Unit (EIU)

Umfassende Zusammenstellung von MBA-Programmen weltweit sowie interessante Aspekte zum MBA-Studium. Der englischsprachige Klassiker unter den Datensammlungen und Entscheidungshilfen.

„Peterson's MBA Programs – US, Canadian and International Business Schools"

8. Auflage, ca. 1.000 Seiten, inklusive CD-ROM. Von Peterson's Publishing

Umfangreichste Zusammenstellung von *Business Schools*. 2.900 Programme von über 900 Anbietern werden in dem Buch vorgestellt.

Weitere Bücher, auch bezüglich Bewerbungsstrategien und Vorbereitung für *GMAT* und *TOEFL*, finden Sie in den Bookshops der vielen MBA-Informationsseiten im Internet.

Infopaket 2
Internet-Links

Das Internet und die Informationen über das MBA-Studium entwickeln sich rasant weiter. Aus diesem Grund kann vom Autor keine Verantwortung für die Richtigkeit und die Aktualität der angegebenen Internet-Links übernommen werden. Für die Inhalte der nachstehenden Internet-Seiten wird grundsätzlich keine Verantwortung übernommen.

MBA-Info-Websites in deutscher Sprache

1) www.mba-net.de

Umfangreiche Online-Ressource von deutschsprachigen MBAs, die an Top-Schulen in den USA studieren bzw. studiert haben.

➤ Basisinformationen und Entscheidungshilfen
➤ Tipps für Bewerbung und Finanzierung
➤ Umfangreiche *GMAT-* und *TOEFL-*Infos
➤ Datenbank mit über 500 *Business Schools*
➤ Pressemeldungen zum MBA
➤ Links zu verschiedenen *Rankings*
➤ Bookshop

2) www.mba-association.de

Website der *MBA Association of Germany*, ein Verein mit dem Zweck, der Bildung eines Managementnetzwerkes von MBA-Absolventen. Neben einem Bereich, der nur für Mitglieder zugänglich ist, bietet die Website auch sehr gute und umfangreiche frei zugängliche Informationen.

➤ Basisinformationen und Entscheidungshilfen
➤ Tipps für Bewerbung und Finanzierung
➤ ROI Calculator
➤ Aufstellung deutscher MBA-Schulen
➤ Pressemeldungen zum MBA

➤ MBA-Stellenmarkt
➤ Nützliche Links

3) www.mba-info.de

➤ Aktuelles und Veranstaltungen
➤ Basisinformationen und Entscheidungshilfen
➤ MBA in Österreich und der Schweiz
➤ Nützliche Links
➤ Downloads

4) www.b-school-net.de

➤ Website teils auf Deutsch, teils auf Englisch
➤ Basisinformationen und Entscheidungshilfen
➤ Datenbank und Linksammlung für *Business Schools*
➤ Deutsche und internationale Pressemeldungen zum MBA
➤ Verschiedene *Rankings*
➤ Umfangreiche Sammlung nützlicher Links
➤ Bookshop

5) www.mba-gate.de

Website von Absolventen amerikanischer *Business Schools* mit umfangreichen Informationen.

➤ Basisinformationen und Entscheidungshilfen
➤ Tipps für Bewerbung und Finanzierung
➤ Aktuelles und Veranstaltungen
➤ Downloads
➤ Bookshop

6) www.staufenbiel.de

➤ Karriere-Website mit MBA-Sektion
➤ Basisinformationen und Entscheidungshilfen
➤ Aktuelles und Veranstaltungen
➤ Nützliche Links

MBA Info-Websites in englischer Sprache

7) www.mba.com

Amerikanische MBA-Website *des Graduate Management Admission Council (GMAC)* mit sehr umfassenden und professionell aufbereiteten Informationen.

➤ Basisinformationen und Entscheidungshilfen
➤ Tipps für Bewerbung und Finanzierung
➤ Datenbank *„MBA Pathfinder"*
  Zahlen, Daten und Fakten von über 800 MBA-Programmen weltweit sind damit einfach zu ermitteln
➤ Infos und Übungen zum *GMAT*
➤ Bookshop

8) www.mbainfo.com

Website von MBA-Absolventen mit einer sehr umfangreichen Datenbank, die Details von über 2.500 MBA-Programmen in 123 Ländern beinhaltet.

➤ Basisinformationen und Entscheidungshilfen
➤ Tipps für Bewerbung und Finanzierung
➤ Große Datenbank
➤ Karriereplattform
➤ Bookshop

9) www.bschool.com

Amerikanische MBA-Website mit Fokus auf USA-Schulen.

➤ Links zu 750 *Business Schools* weltweit
➤ Tipps für Bewerbung und Finanzierung
➤ *Rankings*, USA und international
➤ Sammlung internationaler Pressemeldungen
➤ Bookshop

10) www.topmba.com

➤ Messeveranstalter *The MBA World Tour*
➤ Datenbank für internationale *Business Schools*
➤ Datenbank für internationale MBA-Jobs

> Entscheidungshilfen und Bewerbungstipps

11) www.mba.org.uk
Website von *The Association of MBAs*, ein internationaler Verband von MBA-Absolventen mit Sitz in Großbritannien.
> Basisinformationen und Entscheidungshilfen
> Tipps für die Bewerbung
> Datenbank für internationale *Business Schools*
> Akkreditierung von MBA-Programmen
> Veranstaltung von MBA-Messen
> Karriereplattform
> Nützliche Links
> Bookshop

Deutsche Zeitungen und Wirtschaftsmagazine

12) www.handelsblatt.de
Karriere und Management

13) www.manager-magazin.de/koepfe/
> Karriere-Checks
> Uni-Guide

14) www.jungekarriere.com
Unter „Campus" und „MBA" findet man viele Informationen zum MBA-Studium.
> Basisinformationen und Entscheidungshilfen
> Tipps für Bewerbung und Finanzierung
> Aktuelle Artikel

GMAT, TOEFL und ILTS

15) www.ets.org
Organisation, die beide Tests *TOEFL* und *GMAT* durchführt, Infos, wo *ETS*-Test-Centers weltweit zur Verfügung stehen.

16) www.toefl.org

Alle Informationen zum *TOEFL*, inklusive „Schnupperfragen", über hundert Beispielthemen für Essays, Vorbereitungsunterlagen und Termine weltweit.

17) www.gmat.org

Alle Informationen zum *GMAT*, inklusive „Schnupperfragen", Vorbereitungsunterlagen und Termine weltweit.

18) www.ielts.org

Alle Informationen zum *IELTS*, der besonders für englische Schulen auch anstelle des *TOEFLs* absolviert werden kann.

Akkreditierung

19) www.efmd.de

European Foundation for Management Development (efmd). Der Verband von *Business Schools* in Europa vergibt die *EQUIS*-Akkreditierung (*European Quality Improvement System*).

20) www.aacsb.edu

Association to Advance Collegiate Schools of Business (AACSB). Das US-amerikanische Zertifizierungsinstitut, anerkannt vom Erziehungsministerium der USA.

21) www.mba.org.uk

Association of MBAs (AMBA). Internationaler Verband der MBA-Absolventen mit Sitz in England und eigenem Akkreditierungssystem.

22) www.akkreditierungsrat.de

Deutsches Akkreditierungsinstitut, das über die Qualität vornehmlich der deutschen MBA-Programme wacht.

23) www.fibaa.de

Foundation for International Business Administration Accreditation (fibaa). Eine Stiftung der deutschen, österreichischen und schweizerischen Wirtschaft, die im Auftrag des Akkreditierungs-rates arbeitet und die eigentlichen Prüf- und Qualitätssiche-rungsverfahren durchführt. Diese Akkreditierung gewinnt vor allem im deutschsprachigen Raum zunehmend an Bedeutung.

Rankings

24) Financial Times
www.ftcareerpoint.ft.com/BusinessEducation/MBA
➤ FT's MBA-*Rankings*
➤ Informationen zum MBA-Studium

25) The Wall Street Journal
www.careerjournal.com/specialreports/bschoolguide
➤ *B-School Report, Results*
➤ Informationen zum MBA-Studium

26) Business Week
www.businessweek.com/bschools
➤ MBA-*Rankings* und *Profiles*
➤ Informationen zum MBA-Studium

27) www.mba.de
Ranking, das auf einer Umfrage unter MBA-Bewerbern basiert. Aus dem Buch „Die besten MBA-Programme in Europa" von Wilhelm H. Cox, FAZ-Verlag

Stipendien

28) www.daad.de
Deutscher Akademischer Austauschdienst, Bonn

29) www.studienstiftung.de
Studienstiftung des deutschen Volkes, Bonn

30) www.fulbright.de
Fulbright Commission (für USA-Schulen)

31) www.rotary.org
Rotary Club mit *Rotary Foundation Ambassadorial Scholarships*

32) www.educationusa.de
Council of International Educational Exchange in den Amerikahäusern (für USA-Schulen)

33) www.usembassy.de
Unter *Meet the USA* und „Austauschprogramme" sind weitere Finanzierungswege für ein Studium in den USA zu finden.

Infopaket 3

Übersicht über ein
einjähriges Vollzeit-MBA-Programm
am Beispiel meines Studienjahres

Mein einjähriges *Full-Time*-MBA-Programm teilte sich in zwei Hauptabschnitte: Part 1, bestehend aus den Studienquartalen *Term 1* und *Term 2,* und Part 2 mit der Studienquartalen *Term 3* und *Term 4.*

In Part 1 wurde ein Grundwissen in allen wesentlichen Managementfeldern aufgebaut. Die Vermittlung des Stoffes erfolgte in einem starren Vorlesungsprogramm, bestehend aus obligatorischen Kursen. Festgelegte Teams aus sechs bis sieben Studenten, die von der Schule nach Spezialisierung, Erfahrung, Nationalität und Alter zusammengestellt wurden, arbeiteten jeweils einen *Term,* das heißt zehn Wochen lang, zusammen. Sie bereiteten täglich den Lernstoff auf und bearbeiteten gemeinsame Projekte. Im Schnitt verbrachten die Teammitglieder an fünf bis sechs Tagen je Woche etwa fünf Stunden gemeinsam pro Tag, einige sogar noch wesentlich länger.

Part 2 hatte zwei Quartale zur Verfügung, um Manager aus den Studenten zu machen. Alle Kurse bauten auf das im ersten Halbjahr vermittelte Grundwissen auf. Die Studenten konnten aus einer Fülle von fast 80 Wahlfächern (*Electives*) in 11 Managementfeldern ihre weitere Entwicklung entsprechend ihrer Interessen und Ziele selbst gestalten. Projekte und integrative Kurse rundeten die Auswahl ab. Der gleichmäßige Ablauf des ersten Halbjahres wurde abgelöst von einem flexiblen Stundenplan, der auch vor den Wochenenden nicht Halt machte. Wir arbeiteten in jedem Kurs mit anderen Studenten zusammen und konnten die Teams für Gruppenarbeiten selbst zusammenstellen. Dies war der Zeitpunkt, an dem wir zu verstehen begannen, wie vorteilhaft eine effektive Teamarbeit sein kann.

Die nachfolgenden Ausführungen und Darstellungen basieren auf den Erfahrungen aus meinem einjährigen Vollzeit-Studienprogramm. Alle MBA-Schulen befassen sich mit denselben Fachthemen: *Strategy, Economics, Finance, Human Ressourcs, Marketing* und Informationstechnologie. Diese decken die wesentlichen Managementfelder ab und richten sich nach den Anforderungen, die an die Kompetenz von Managern gestellt werden. Die Zusammenstellung der Kurse und deren Inhalte differieren jedoch in den Details von Schule zu Schule und entwickeln sich entsprechend den Markterfordernissen ständig weiter. So wurde zum Beispiel in Cranfield gerade ein *Business Incubator* gegründet, als ich an der Schule studierte. Wir waren der erste Jahrgang, der diese neue Einrichtung nutzen konnte.

Wesentliche Lehrmethoden über das gesamte Jahr sind Vorlesungen, Selbststudium, Teamstudium, individuelle Arbeiten und Gruppenprojekte. Dabei spielen *Case Studies* für die praktische Anwendung der erörterten Theorien eine zentrale Rolle

Ausführliche Informationen über die aktuellen Kurse, Spezialisierungen und Vorlesungspläne erhält man am besten direkt von den Management-Schulen. Um offene Fragen über die Studieninhalte zu klären, eignen sich die vermehrt angebotenen MBA-Messen hervorragend, meist findet man auch gute Details auf den Websites der Schulen.

Erster Studienabschnitt: Part 1

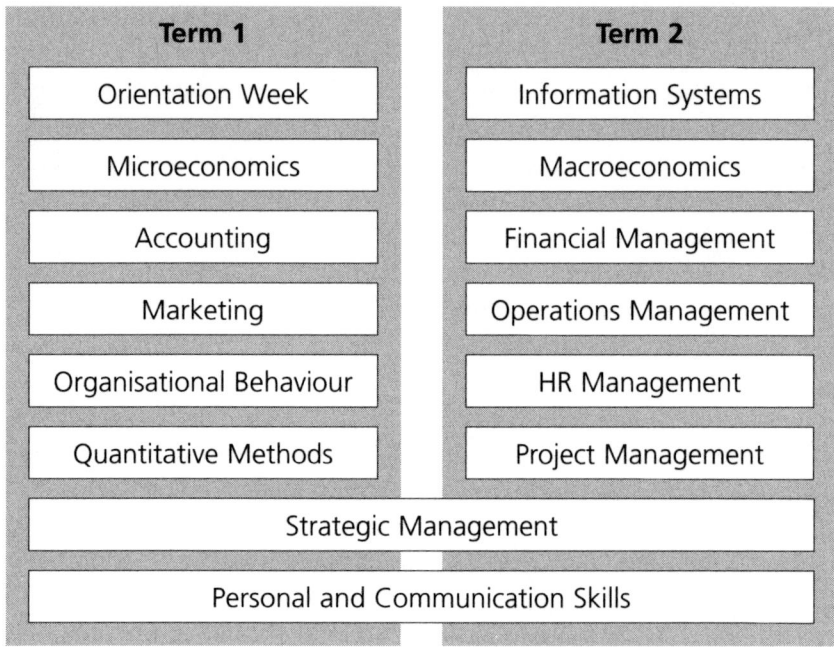

Zweiter Studienabschnitt: Part 2

Term 3*	Term 4
Accounting and Financial Management (16 Electives)	
Economics (6 Electives)	
Human Resource Management (11 Electives)	
Marketing (8 Electives)	
Entrepreneurship (6 Electives)	
Information Systems (3 Electives)	
Strategic Management (4 Electives)	
Operations Management (3 Electives)	
Languages (6 Electives)	
Project Management (11 Electives)	
Contextual Electives (3 Electives)	

* Zusätzlich drei Pflichtkurse: *Managing Strategy and Strategic Change, Business Start-up* und *Business Law.*

Kurse in Part 1 (Term 1 und Term 2)

Orientation Week

- Orientierung der Studenten in der Management-Schule und auf dem Campus
- Gemeinsame Aktivitäten zum Kennenlernen
- Einführung in die Teamarbeit
- Einführung in die unterschiedlichen Lehrmethoden
- Wahl der Studentenrepräsentanten
- Weitergabe der *Cranfield Experience* an die neuen Studenten
- Organisatorische Themen, wie Einschreiben an der Uni, Bezahlung der Studiengebühren, Übernahme der Laptops, Einteilung der Teams etc.

Microeconomics
(*Economics of Organisations and Strategy*)

Term 1
Beurteilung: 2 *Credits*
50 Prozent Examen, 50 Prozent *WAC*

- Produktionstheorie
- Angebot und Nachfrage
- Analyse von Marktstrukturen
- Ökonomie von Unternehmen
- Ökonomische Analyse von Unternehmensstrategien
- Einfluss wirtschaftspolitischer Maßnahmen auf die Industrie

Accounting

Term 1
Beurteilung: 2 *Credits*
50 Prozent Examen, 30 Prozent *WAC*, 20 Prozent Mitarbeit in den Vorlesungen

Finanzbuchhaltung (Financial Accounting)

- Grundbegriffe
- Gewinn- und Verlustrechnung
- Bewertung von Aktiva
- Bilanzierung und Konsolidierung
- Finanzkennzahlen
- Bilanzanalysen

Kostenrechnung (Management Accounting)

- Kostenarten
- Deckungsbeitragsrechnung
- *Break-even* Analyse
- Grenz- und Vollkostenkalkulation
- *Make or Buy*-Entscheidungen
- Budgetierung
- Abweichungsanalysen
- Profit-Center
- Verteilung der zentralen Kosten in Unternehmen
- Messung der *Management Performance* von Unternehmenseinheiten

Marketing

Term 1
Beurteilung: 2 *Credits*
70 Prozent Examen, 30 Prozent *Marketing Success Story*

- Grundlagen des Marketings für Konsumgüter, Investitionsgüter und Dienstleistungen
- Akquisition von Neukunden und Bindung von bestehenden Kunden an das Unternehmen
- Vier Hauptvariable im Marketing, die 4 P: *Product, Place, Price, Promotion*

- Die Rolle der Mitarbeiter, Betriebsabläufe und des Kundendienstes im Verkaufsprozess
- Das Marketing im Spannungsfeld von Nachfrage, Konkurrenz, Fertigungskapazitäten und Finanzmittel
- Erstellung von Marketingplänen

Organisational Behaviour

Term 1
Beurteilung: 2 *Credits*
50 Prozent Individueller *Report*, 50 Prozent Gruppenreport

- Analyse des individuellen Verhaltens
- Gruppendynamik und -verhalten
- Persönliche Einflussnahme und Leadership
- Organisationskultur
- Organisationsentwicklung
- Change Management

Quantitative Methods (Statistik)

Term 2
Beurteilung: 2 *Credits*
80 Prozent Examen, 20 Prozent Schriftlicher Test

- Verwendung von Zahlen und Daten in Managemententscheidungen
- Statistische Analysen von Zahlen- und Datenreihen
- Aufbereitung und Präsentation von Zahlen und Daten
- Einschätzung von Risiken
- Wahrscheinlichkeitsrechnung
- Schlussfolgern aus Stichproben
- Regressionsanalysen

Strategic Management

Term 1 und 2
Beurteilung: 2 *Credits*

70 Prozent Examen, 30 Prozent Gruppenprojekt

- Grundlegende Methoden und Tools für die Analyse und Entwicklung von Unternehmensstrategien
- Strategisches Denken und Entscheiden
- Entwicklung und Bewertung von strategischen Möglichkeiten
- Formulierung von Wettbewerbsstrategien
- Globalisierung und internationale Strategie
- Die Rolle der Zentrale bei Großunternehmen
- Weiterentwicklung von Unternehmensstrategien
- Kommunikation und Umsetzung neuer Strategien
- Change Management
- Unternehmenskultur und interne Politik

Personal and Communication Skills

Term 1 und 2
Beurteilung: 2 *Credits*
50 Prozent Drei-Minuten-Video, 50 Prozent Pressekonferenz

- Die Macht von Sprache und Schrift
- Überzeugende Berichte schreiben
- Gebrauch von Mimik, Gestik und Körpersprache
- Individuelle Reden und Präsentationen
- Gruppenpräsentationen
- Schwierige Gespräche
- Medientraining
- Krisenmanagement

Information Systems

Term 2
Beurteilung: 2 *Credits*
50 Prozent Individueller *Report*, 30 Prozent Gruppenpräsentation, 20 Prozent Individuelle Fragen zur Gruppenpräsentation

- Auswirkungen von neuen Trends in der Informationstechnologie für Wirtschaftsstrukturen und Unternehmen
- Planung und Implementierung von IT-Investitionen in Unternehmen im Hinblick auf die Sicherstellung eines hohen geschäftlichen Nutzens
- Untrennbarkeit von Unternehmenskultur, Geschäftsstrategie und Informationstechnologie
- Identifizierung neuer Möglichkeiten für Prozesse und Geschäfte durch Informationstechnologie

Macroeconomics (*and the Global Business Environment*)

Term 2
Beurteilung: 2 *Credits*
50 Prozent Examen, 50 Prozent *WAC*

- Volkswirtschaftstheorie und -politik im Kontext des gesellschaftlich-wirtschaftlichen Umfelds
- Weltweite Trends in Bezug auf Bevölkerungszahlen, Wirtschaftswachstum und Handel
- Funktionsweise von Volkswirtschaften
- Bestimmung des Staatseinkommens
- Länderübergreifende Wirtschaftseinflüsse
- Wirtschaftspolitische Maßnahmen
- WTO, Globalisierung und Wirtschaftsbeziehungen
- Handelsblöcke und Handelsabkommen
- Europäische Union und gemeinsame Währung

Financial Management

Term 2
Beurteilung: 2 *Credits*
50 Prozent Examen, 30 Prozent WAC, 20 Prozent Mitarbeit in den Vorlesungen

- Aufbau auf die Grundlagen von *Accounting*

- Finanzmittelvorschau (*Cash Flow Forecast*)
- *Working Capital Asset Management*
- Investitionsentscheidung, Analysen und Bewertungen
- Kapitalkosten
- Finanzierungsquellen und Kapitalkosten
- Dividendenpolitik
- Bestimmung von Unternehmenswerten
- Beurteilung der finanziellen *Performance* von Unternehmen

Operations Management

Term 2
Beurteilung: 2 *Credits*
75 Prozent Examen, 25 Prozent Gruppenreport

- Implementierung der Geschäftsstrategie in Fertigungs- und Serviceunternehmen unter Berücksichtigung der zur Verfügung stehenden Ressourcen
- Fertigungs- und Serviceprozesse
- Fertigungsplanung und -controlling
- Kapazitäts- und Ressourcenmanagement
- Operatives *Working Capital Management*
- *Supply Chain Management*
- Qualitätsmanagement
- Performanceanalysen von Fertigungs- und Serviceunternehmen

Human Ressource Management

Term 2
Beurteilung: 2 *Credits*
50 Prozent Examen, 50 Prozent Gruppenprojekt

- Aufbau auf die Grundlagen von *Organisational Behaviour*
- Der Einfluss wirtschaftlicher, gesellschaftlicher und technischer Trends auf die Personalführung

- Zusammenhang Unternehmensstrategie, *HR*-Strategie und Organisationsentwicklung
- Praktische Umsetzung von *HR*-Strategien auf der operativen Ebene
- Auswirkungen der *HR*-Politik auf die Wettbewerbsfähigkeit des Unternehmens
- Strategische Anforderungen hinsichtlich Mitarbeiterrekrutierung, Vergütung, Performance-Management, Personalentwicklung, Unternehmenskultur
- Die Rolle von *HR*-Management bei Akquisitionen, Firmenzusammenschlüssen und im *Change Management*

Project Management

Term 2
Beurteilung: 1 *Credit*
30 Prozent Projektsimulation, 40 Prozent Individueller *Report*, 30 Prozent Mitarbeit in den Vorlesungen

- Blockkurs in der ersten Woche von *Term* 2
- Grundlagen des Projektmanagements
- Methodiken und Tools für die Planung und die Überwachung des Zeitplans, der Kosten und der Qualität von Projekten
- Projektsimulation
- Die Rolle des Projektleiters
- Leadership und *HR*-Aspekte im Projektmangement
- Risikomanagement in Projekten
- Teambuildung-Übung für die *Term-2*-Teams

[Kurse und Wahlfächer in Part 2 (*Term* 3 und *Term* 4)

Obligatorische Kurse in *Term* 3

- *Managing Strategy and Strategic Change*
- *Business Start-up*

- *Business Law*

Wahlfächer nach Managementfeldern: Accounting and Financial Management

- Behavioural Issues in Finance
- Controversies in Financial Reporting
- Corporate Financial Strategy
- Corporate Restructuring
- Derivatives, Options and Finacial Engineering
- Empirical Issues in Finance
- Financial Modelling
- Fund Management
- International Corporate Finance
- Investment Analysis
- Investment Banking
- Mergers, Acquisitions and Divestments
- Mergers/Finance Project
- Strategic Management Accounting
- Treasury Management
- Valuation

Economics

- Advanced Macroeconomics
- Business Environment of the Americas
- Business Environment of the Far East
- Economics Perspectives on Globalisation
- Economic of E-Commerce
- The Implications of European Integration

Human Ressource Management

- Business and Society
- Coaching for Peak Performance

- Consulting Skills
- Employee Involvement
- Employment Law
- Intercultural Competence
- Lift off
- Personal Awareness
- Psychometrics and Assessment
- Strategic Human Resource Management
- Workshop and Facilitation Skills

Marketing

- Advanced Consumer Marketing
- Advanced Industrial Marketing
- Customer Realtionship Management
- Implementing and Measuring Marketing Strategy
- International Marketing
- Marketing Plans
- Pricing for Strategic Advantage
- Supply Chain Management

Entrepreneurship

- Business Check-up
- Corporate Entrepreneurship
- Enterprising (Cranfield) Graduates
- Entrepreneurship
- Planning your new Business
- Venture Capital

Information Systems

- Electronic Commerce
- Systems Thinking in Action
- Transforming Business Processes

Strategic Management

- Being a Director
- Business Management Challenge – Euronet
- Management Judgement und Decision Making
- Practical Change Management

Operations Management

- Achieving Superior Service
- Complexity and Creativity in Management
- Measuring Business Performance

Languages

- Advanced French
- Advanced German
- Advanced Spanish
- Intermediate French
- Intermediate German
- Intermediate Spanish

Project Management

- Accelerated Risk Management
- Bidding Successfully for Work
- Business Risk Management
- Contracting for Business
- Control and Information for Projects
- Managers as Problem Solvers – A Consultancy Approach
- Managing Projects of Organisational Change
- Negotiating Conflict
- Project Finance and Appraisal
- Project Management Report
- Project Team Performance

Contextual Electives

- Implementing Strategic Change
- People Management Skills
- Strategy, Finance and Execution

Beurteilungssystem und -methoden

Beurteilungssystem

Für einen anerkannten Abschluss des Studiums und die Qualifizierung für das MBA-Degree musste ein Student sowohl Part 1 als auch Part 2 erfolgreich beenden. Beide Hauptabschnitte wurden separat bewertet. Dies bedeutete, dass ein besonders guter Abschluss in Part 1 ein mögliches Scheitern in Part 2 nicht kompensieren konnte.

Für Part 1 (*Term* 1 und *Term* 2) waren in Summe 25 *Credits* in den obligatorischen Kursen zu erzielen. In Part 2 mussten 20 *Credits* durch einen Mix aus drei Pflichtkursen, Wahlfächer und Projekten erreicht werden. Diese *Credits* erarbeitete jeder Student in den einzelnen Kursen durch unterschiedliche Beurteilungen, z. B. 70 Prozent Examen, 30 Prozent Gruppenprojekt. Für die einzelnen Beurteilungen wurden die Bewertungen mit Prozenten angegeben. Eine Bewertung unter 50 Prozent bedeutete „*No Pass*". Die Kriterien für das Bestehen und Nichtbestehen von Beurteilungen, *Credits*, Kursen und ganzen Abschnitten waren umfassend in einem Handbuch zusammengestellt. Es wurde den Studenten in der Orientierungswoche ausgehändigt. Darin waren auch die Bestimmungen für mögliche Wiederholungen von Beurteilungen und Examen festgelegt. Ich hatte mich während des Studiums nicht um diese Grenzfälle gekümmert, sondern wollte mich erst dann damit belasten, wenn ich in eine derartige Situation gekommen wäre. Dies blieb mir jedoch erspart. Ich hörte auch von niemanden, der eine

Prüfung wiederholt hätte, aber möglicherweise wurde damit sehr diskret umgegangen.

Beurteilungsmethoden

Eine breite Fächerung der Methoden für Beurteilungen spiegelte sehr gut die Anforderungen im Management wider. Die nachstehende Zusammenfassung gibt einen Überblick über die gängigsten Methoden, mit denen ich in meinem Studienjahr konfrontiert wurde.

- Individuelle *Reports*
- Gruppenreports
- *WAC* (*Written Analysis of Case*)
- Individuelle Präsentationen
- Gruppenpräsentationen
- Business-Plan
- Business-Simulation
- Projekt-Simulation
- Pressekonferenz
- Persönliche Rede
- Mitarbeit bei den Vorlesungen
- Schriftlicher Test
- Examen

Beurteilungs- und Prüfungskalender Part 1

Tag Datum   Aktivität   Zeit

Term 1

November

Tag	Datum	Aktivität	Zeit
Di	02	Quantitative Methods Schriftlicher Test	19:00 – 20:00 Uhr
Do	11	Organsiational Behaviour Individueller Report	bis 17:30 Uhr
Fr	12	Microeconomics WAC, Ausgabe Case Study	13:00 Uhr
Sa	13	Microeconomics WAC, Abgabe	bis 20:00 Uhr
Di	16	Accounting Schriftlicher Test	19:00 – 20:00 Uhr
Do	18	Marketing MSS-Gruppenreport	bis 17:00 Uhr
Do	25	Marketing MSS-Gruppenpräsentation	09:00 – 16:00 Uhr
Fr	26	Accounting WAC, Ausgabe Case Study	13:00 Uhr
Sa	27	Accounting WAC, Abgabe	bis 20:00 Uhr

Dezember

Tag	Datum	Aktivität	Zeit
Do	09	Strategic Management Gruppen-Report	bis 17:00 Uhr
Mo	13	Microeconomics Examen	09:30 – 12:30 Uhr

Mo	13	Accounting Examen	14:00 – 17:00 Uhr
Di	14	Quantitative Methods Examen	09:30 – 11:30 Uhr
Di	14	Marketing Examen	14:00 – 16:00 Uhr
Fr	17	Organisational Behaviour Gruppen-Report	bis 17:00 Uhr

Term 2

Januar

Do	27	Project Management Individual Report	bis 17:00 Uhr

Februar

Mo	07	Operations Management Präsentation und Report	08:45 – 13:00 Uhr
Fr	11	Macroeconomics WAC, Ausgabe Case Study	13:00 Uhr
Sa	12	Macroeconomics WAC, Abgabe	bis 20:00 Uhr
Do	17	HR Management Gruppen-Report	bis 17:00 Uhr
Di	22	Financial Management Schriftlicher Test	19:00 – 20:00 Uhr
Do	24	Information Systems Individual Report	bis 17:30 Uhr
Fr	25	Financial Management WAC, Ausgabe Case Study	13:00 Uhr

Sa	26	Financial Management WAC, Abgabe	bis 20:00 Uhr

März

Mo	06	Personal Communication Skills Press Conference	10:00 – 13:00 Uhr
Do	09	Information Systems Abgabe Präsentation	bis 17:00 Uhr
Di	14	Information Systems Gruppenpräsentation	13:30 – 16:00 Uhr
Mo	20	Financial Management Examen	09:30 – 12:45 Uhr
Mo	20	Operations Management Examen	14:30 – 16:30 Uhr
Di	21	Macroeconomics Examen	09:30 – 12:30 Uhr
Di	21	HR Management Examen	14:00 – 17:00 Uhr
Mi	22	Strategic Management Examen	09:00 – 13:00 Uhr

Glossar

Belbin Team Type Indicator	Modell zur Bestimmung von Rollen, die einzelne Mitglieder entsprechend ihrer Persönlichkeit in Teams einnehmen, wird anhand eines Fragebogens ermittelt
Business Culture	Geschäftskultur
Butty-Box	Mittagsversorgung der Studenten, die von den MBA-Partnern geschäftlich organisiert wurde
Case Pack	Ordner mit Studienunterlagen für einen Kurs
Case Study	Fallstudie; Harvard war die erste Universität, die das Lernen mit Fallstudien anwandte und auch verbreitete
Change Management	Veränderungsmanagement
Credit	Kreditpunkt, Einheit zur Messung der Wertigkeit von Kursen und Projekten und zur Bestätigung für den erfolgreichen Abschluss dieser für die Studenten
Crisis Pack	*Case Study* für die Pressekonferenz
Elective	Wahlfach

Entrepreneurship	Unternehmertum, unternehmerisches Denken und Handeln
ETS	Educational Testing Service Eine US-amerikanische Organisation, die *TOEFL-* und *GMAT*-Prüfungen weltweit durchführt
GATT	General Agreement on Tariffs and Trade Internationale Abkommen zur Liberalisierung des weltweiten Handels und zur Reduzierung von Zollbarrieren
GDP	Gross Domestic Product (Bruttoinlandsprodukt)
Generalisten-Programm	MBA-Programm für das General Management, ohne spezifische fachliche Ausrichtung, wie z. B. *Finance* oder *IT*
GMAT	Graduate Management Admission Test, Aufnahmetest für MBA-Schulen und andere weiterführende Studiengänge im englischsprachigen Raum
Intellectual Ability	Intellektuelle Fähigkeiten
International Rep	Studentenvertreter für Angelegenheiten der internationalen Studenten, wie z. B. die Organisation von *WAC-Buddies*
IRR	Internal Rate of Return (Interner Zinsfuß), Berechnungsansatz für Investitionsentscheidungen

Lead Reader	Verantwortliches Teammitglied für die Bearbeitung einer *Case Study*
Learning Team	6 bis 7 Studenten, die jeweils für einen *Term* für die Vorbereitung von Vorlesungen und in Projekten zusammenarbeiten
Make or Buy Decision	Unternehmerische Entscheidung, ob bestimmte Prozesse im eigenen Unternehmen durchgeführt oder von externen Firmen zugekauft werden
MBTI	Myers-Briggs Type Indicator Modell zur Bestimmung wesentlicher Charakteristika von Personen anhand eines Fragebogens
Monster Case Study	Umfangreiche *Case Study* mit mehr als 20 Seiten
MSS	Marketing Success Story
No Frills	Ohne Schnickschnack
NPV	Net Present Value (Kapitalwert) Berechnungsansatz für Investitions-entscheidungen
Off-Campus-Studenten	Studenten, die nicht auf dem Campus wohnen
On-Campus-Studenten	Studenten, die auf dem Campus in Wohnheimen, Wohnungen oder Häusern wohnen

Open Day	Tag der offenen Tür Von *Business Schools* werden regelmäßig *Open Days* zur Rekrutierung von neuen Studenten veranstaltet
Orienteer	Student des Vorjahres, der das Einführungsprogramm der ersten Woche vorbereitet und betreut
Part	Studienabschnitt, Studienhalbjahr
Pig Pen	„Schweinekoben" Eine mit mobilen Wänden abgetrennte Besprechungsecke für *Learningteams*
Postgraduate Student	Student im weiterführenden Studium (Master, PHD etc.)
Report	Schriftlicher Bericht
ROI	Return on Investment (Rendite aus einer Investition)
Role Play	Rollenspiel
Sample	Stichprobe
Session	Vorlesung oder von einem Professor betreute Veranstaltung, wie zum Beispiel Rollenspiele oder Pressekonferenz
Social Rep	Studentenvertreter, der für die Organisation von Freizeitveranstaltungen, wie Partys und Weihnachtsbällen etc. verantwortlich ist

Sport Rep	Studentenvertreter, der für die Organisation von Sportveranstaltungen verantwortlich ist
Stream	Klasse von ca. 50 Studenten, mein Jahrgang bestand aus 4 *Streams*, in Summe ca. 200 Studenten
Stream Rep	Studentensprecher eines *Streams*
Term	Studienquartal
TOEFL	Test of English as a Foreign Language Englisch-Aufnahmetest für englischsprachige Studiengänge
Tough Interview	Schwieriges Mitarbeitergespräch
Trade-off	Kompromiss
Undergraduate Student	Student im Erststudium
WAC	*Written Analysis of Case* Eine *Case Study*, die innerhalb von 2 Tagen zu analysieren ist und dessen Ergebnisse in einem Bericht zusammenzufassen sind; die Analyse erfolgt im Team, der Bericht ist individuell zu schreiben
WAC Buddy	Englisch-Muttersprachler, der die *WAC-Reports* von Studenten mit einer anderen Muttersprache vor der Abgabe auf sprachliche Fehler Korrektur liest
WTO	World Trade Organisaton, Welthandelsorganisation

Neues aus dem Land der Pinguine

Seit Perry dem Pfau hat sich schon einiges getan im Unternehmen der Pinguine – aber es herrscht nach wie vor strikte Aufgabenteilung: In der Kreativabteilung arbeiten die bunten Papageien, die Adler sind die rationalen Ingenieure und die sanften Schwäne sind fürs Soziale zuständig. Eines Tages steht das Unternehmen vor einer großen Aufgabe, die keine Abteilung allein bewältigen kann. Und so lernen die Pinguine, alle Vögel unabhängig von der Farbe ihrer Federn einzusetzen … Wer in den Tauben, Falken, Adlern und Pinguinen die eigenen Kollegen erkennt, darf schmunzeln!

176 Seiten
Format 14,5 x 21 cm
Hardcover
ISBN 3-8323-0905-5
€ 12,90 [D] sFr 22,70

Barbara Gallagher ist Seminarleiterin und Inhaberin der Personaltrainings- und Beratunsgfirma Peacock Production.
Warren Smith ist emeritierter Psychologie-Professor und Geschäftsführer von Chrysalis, einer Managementtrainings- und Beratungsfirma.

REDLINE WIRTSCHAFT
bei ueberreuter